¡Hola!

My name is Anastasiya Breslavska. I am the founder of the international online Spanish language school PANA HISPANA and the **creator of this trainer**.

I have prepared a video instruction for you to work with this workbook as efficiently as possible.

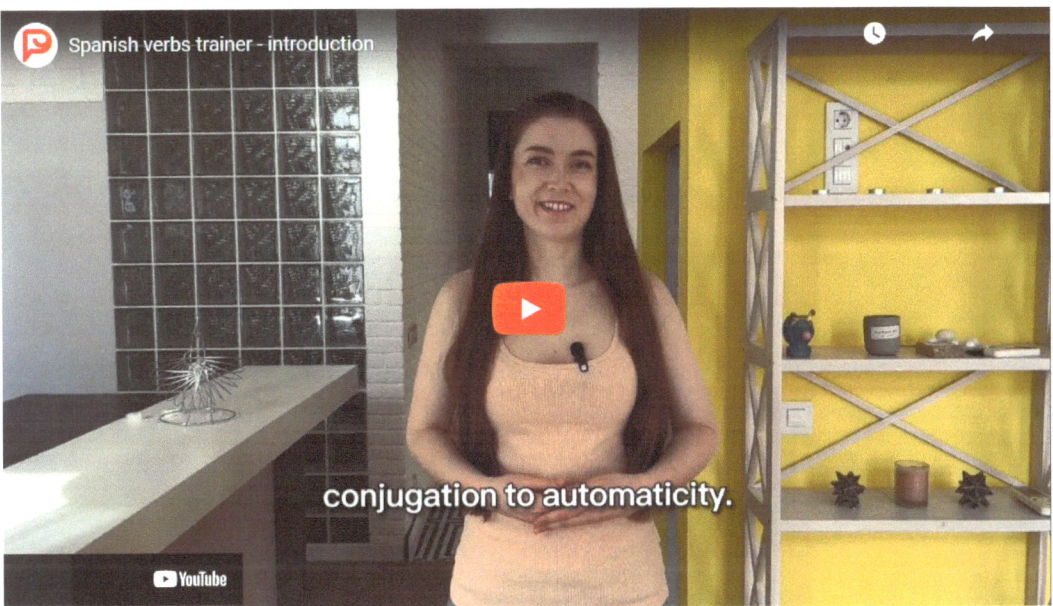

If you are watching the electronic version, click on the video and follow the link to Youtube

If you are using the printed version, scan this qr code to watch the video on Youtube

Tracker - content

- 1. Presente Simple - regulares — 3
- 2. Presente Simple - irregulares — 7
- 3. Futuro Simple - regulares — 17
- 4. Futuro Simple - irregulares — 22
- 5. Ir a + infinitivo — 28
- 6. Pretérito Perfecto - regulares — 32
- 7. Pretérito Perfecto - irregulares — 36
- 8. Pretérito Indefinido - regulares — 42
- 9. Pretérito Indefinido - irregulares — 46
- 10. Pretérito Imperfecto - regulares — 54
- 11. Pretérito Imperfecto - irregulares — 58
- 12. Pretérito Perfecto vs Pretérito Indefinido — 61
- 13. Pretérito Indefinido vs Pretérito Imperfecto — 66
- 14. Imperativo afirmativo - regulares — 71
- 15. Imperativo afirmativo - irregulares — 76
- 16. Imperativo negativo - regulares — 85
- 17. Imperativo negativo - irregulares — 89
- 18. El repaso de los tiempos — 96

Presente Simple
Present Simple tense

 regular verbs

	hablar	**comer**	**vivir**
Yo	habl **o**	com **o**	viv **o**
Tú	habl **as**	com **es**	viv **es**
Él, Ella, Ud	habl **a**	com **e**	viv **e**
Nosotros	habl **amos**	com **emos**	viv **imos**
Vosotros	habl **áis**	com **éis**	viv **ís**
Ellos, Ellas, Uds	habl **an**	com **en**	viv **en**

When do we use this tense?

- to describe daily routine activities

(I usually wake up at 8 am and have avocado toast for breakfast - normalmente me despierto a las 8 de la mañana y desayuno una tostada con aguacate)

- to name a general fact, to give information

(we work from 8 to 16; Maria lives in Australia; honey is very healthy - trabajamos de 8 a 16; María vive en Australia; la miel es muy saludable)

- to give instructions

(to cook an omelette, you take 3 eggs, pour oil into a frying pan.. - para preparar omelet, tomas 3 huevos, echas aceite a la sartén)

- to tell about the future using marker words

(tomorrow I will call you - mañana te llamo)

Now your task is to conjugate as many verbs as possible in order to bring your knowledge of verbs endings to automaticity

1. *Conjugate all these verbs by person.*

	practicar	cocinar	bailar	gastar
Yo	....	....	....	....
Tú	....	....	....	....
Él, Ella	....	....	....	....
Nosotros	....	....	....	....
Vosotros	....	....	....	....
Ellos, Ellas	....	....	....	....

	aprender	beber	leer	responder
Yo	....	....	....	....
Tú	....	....	....	....
Él, Ella	....	....	....	....
Nosotros	....	....	....	....
Vosotros	....	....	....	....
Ellos, Ellas	....	....	....	....

	vivir	escribir	recibir	abrir
Yo	....	....	....	....
Tú	....	....	....	....
Él, Ella	....	....	....	....
Nosotros	....	....	....	....
Vosotros	....	....	....	....
Ellos, Ellas	....	....	....	....

	correr	escuchar	existir	necesitar
Yo	....	....	....	....
Tú	....	....	....	....
Él, Ella	....	....	....	....
Nosotros	....	....	....	....
Vosotros	....	....	....	....
Ellos, Ellas	....	....	....	....

2. Conjugate all these verbs by person - BUT - **in this task the personal pronouns are mixed** *(they go in a random order) be careful :)*

	comprar	cenar	cantar	estudiar
Tú	....	....	....	....
Ellos, Ellas	....	....	....	....
Nosotros	....	....	....	....
Yo	....	....	....	....
Vosotros	....	....	....	....
Él, Ella	....	....	....	....

	vender	prometer	meter	creer
Él, Ella	....	....	....	....
Yo	....	....	....	....
Tú	....	....	....	....
Nosotros	....	....	....	....
Ellos, Ellas	....	....	....	....
Vosotros	....	....	....	....

	subir	decidir	añadir	describir
Yo	....	....	....	....
Nosotros	....	....	....	....
Ellos, Ellas	....	....	....	....
Él, Ella	....	....	....	....
Vosotros	....	....	....	....
Tú	....	....	....	....

	interrumpir	asistir	viajar	esconder
Nosotros	....	....	....	....
Yo	....	....	....	....
Vosotros	....	....	....	....
Él, Ella	....	....	....	....
Tú	....	....	....	....
Ellos, Ellas	....	....	....	....

*3. Fill in the **regular verbs** in the blanks in the indicated person.*

1) ¿A qué hora _____? (desayunar, tú)
2) _____ en un edificio antiguo. (vivir, nosotros)
3) Cada día _____ a las siete de la mañana. (levantarse, yo)
4) Mi hermano _____ coches / carros. (vender, él)
5) Te _____ que esta semana iremos al cine. (prometer, yo)
6) ¡Wow! _____ muy bonito. (cantar, tú)

7) ¿_____ por las mañanas? (correr, vosotros)

8) ¿Por qué no _____? (bailar, tú)
9) Veo que _____ mucho en agua. (gastar, nosotros)
10) ¿_____ cada día? (cocinar, vosotros)
11) _____ aprender todos estos temas para el examen de mañana. (necesitar, yo)
12) ¿_____ en Papá Noel? (creer, vosotros)
13) Cada mes _____ a un país nuevo. (viajar, nosotros)
14) ¿Por qué no _____ tu coche viejo? (vender, tú)
15) Mi mamá siempre _____ regalos antes de Año Nuevo. (esconder, ella)
16) Cada día _____ y _____ 5 pisos, porque no tenemos elevador. (subir, bajar - yo)

17) Mis hijos siempre _____ después de la escuela, _____ y luego hacen su tarea. (pasear, descansar - ellos)

18) Cuando voy a conferencias, siempre _____ lo que dicen los oradores. (anotar, yo)
19) _____ mis plantas. En la mañana las _____ a la calle y en la noche las _____ adentro. (amar, sacar, meter - yo)
20) Niños, vosotros _____ música demasiado alto. (escuchar)
21) _____ tantas cosas increíbles en el mundo. (existir, ellas)
22) No _____ alcohol para nada. (beber, yo)
23) En mi escuela _____ leer aproximadamente 20 libros al año. (deber, nosotros)
24) Vamos a tomar café, te _____. (invitar, yo)

Presente Simple (Present Simple tense)
irregular verbs

Group - g - : appears only in the personal pronoun "Yo"
(at the root of the verb appears - g - + personal ending)

	PONER	HACER	TENER	SALIR	TRAER	DECIR
Yo	pon**g**o	ha**g**o	ten**g**o	salgo	traigo	digo
Tú	pones	haces	tienes	sales	traes	dices
Él, Ella	pone	hace	tiene	sale	trae	dice
Nosotros	ponemos	hacemos	tenemos	salimos	traemos	decimos
Vosotros	ponéis	hacéis	tenéis	salís	traéis	decís
Ellos	ponen	hacen	tienen	salen	traen	dicen

Group - zco - : appears only in the personal pronoun "Yo"
(verbs with endings   -ucir;   -ecer;   -ocer.)

	AGRADECER	CONOCER	CONDUCIR
Yo	agrade**zc**o	cono**zc**o	condu**zc**o
Tú	agradeces	conoces	conduces
Él, Ella	agradece	conoce	conduce
Nosotros	agradecemos	conocemos	conducimos
Vosotros	agradecéis	conocéis	conducís
Ellos	agradecen	conocen	conducen

Group - alternation e ⟶ i

	REPETIR	PEDIR	SEGUIR	SERVIR	ELEGIR	FREÍR
Yo	rep**i**to	pido	sigo	sirvo	elijo	frío
Tú	rep**i**tes	pides	sigues	sirves	eliges	fríes
Él, Ella	rep**i**te	pide	sigue	sirve	elige	fríe
Nosotros	repetimos	pedimos	seguimos	servimos	elegimos	freímos
Vosotros	repetís	pedís	seguís	servís	elegís	freís
Ellos	rep**i**ten	piden	siguen	sirven	eligen	fríen

Presente Simple (Present Simple tense)
irregular verbs

Group - diphthongs e → ie

	PENSAR	CERRAR	EMPEZAR	TENER	VENIR	ENCENDER
Yo	p**ie**nso	cierro	empiezo	tengo	vengo	enciendo
Tú	p**ie**nsas	cierras	empiezas	tienes	vienes	enciendes
Él, Ella	p**ie**nsa	cierra	empieza	tiene	viene	enciende
Nosotros	pensamos	cerramos	empezamos	tenemos	venimos	encendemos
Vosotros	pensáis	cerráis	empezáis	tenéis	venís	encendéis
Ellos	p**ie**nsan	cierran	empiezan	tienen	vienen	encienden

	DESPERTARSE	CALENTAR	SENTIR	QUERER
Yo	me despierto	caliento	siento	quiero
Tú	te despiertas	calientas	sientes	quieres
Él, Ella	se despierta	calienta	siente	quiere
Nosotros	nos despertamos	calentamos	sentimos	queremos
Vosotros	os despertáis	calentáis	sentís	queréis
Ellos	se despiertan	calientan	sienten	quieren

Group - diphthongs o, u → ue

	PODER	VOLVER	DORMIR	ACOSTARSE	RECORDAR
Yo	p**ue**do	vuelvo	duermo	me acuesto	recuerdo
Tú	p**ue**des	vuelves	duermes	te acuestas	recuerdas
Él, Ella	p**ue**de	vuelve	duerme	se acuesta	recuerda
Nosotros	podemos	volvemos	dormimos	nos acostamos	recordamos
Vosotros	podéis	volvéis	dormís	os acostáis	recordáis
Ellos	p**ue**den	vuelven	duermen	se acuestan	recuerdan

Presente Simple (Present Simple tense)
irregular verbs

Group - diphthongs o, u → ue

	ENCONTRAR	PROBAR	CONTAR	JUGAR	MOVER
Yo	encuentro	pruebo	cuento	juego	muevo
Tú	encuentras	pruebas	cuentas	juegas	mueves
Él, Ella	encuentra	prueba	cuenta	juega	mueve
Nosotros	encontramos	probamos	contamos	jugamos	movemos
Vosotros	encontráis	probáis	contáis	jugáis	movéis
Ellos	encuentran	prueban	cuentan	juegan	mueven

Group - at the root appears - y -

	INFLUIR	OÍR	CONSTRUIR
Yo	influ**y**o	oigo	construyo
Tú	influ**y**es	oyes	construyes
Él, Ella	influ**y**e	oye	construye
Nosotros	influímos	oímos	construimos
Vosotros	influís	oís	construís
Ellos	influ**y**en	oyen	construyen

Individual verbs

	SER	IR	ESTAR	DAR	VER	SABER	CABER
Yo	soy	voy	estoy	doy	veo	sé	quepo
Tú	eres	vas	estás	das	ves	sabes	cabes
Él, Ella	es	va	está	da	ve	sabe	cabe
Nosotros	somos	vamos	estamos	damos	vemos	sabemos	cabemos
Vosotros	sois	vais	estáis	dais	veis	sabéis	cabéis
Ellos	son	van	están	dan	ven	saben	caben

4. Conjugate all these verbs by person.

As before, we conjugate as many verbs as possible in order to bring the knowledge of verbs endings to automaticity

	hacer	elegir
Yo	....	....
Tú	....	....
Él, Ella	....	....
Nosotros	....	....
Vosotros	....	....
Ellos, Ellas	....	....

	estar	cerrar
Yo	....	....
Tú	....	....
Él, Ella	....	....
Nosotros	....	....
Vosotros	....	....
Ellos, Ellas	....	....

	encontrar	pedir	conocer	tener
Yo	....	....	....	....
Tú	....	....	....	....
Él, Ella	....	....	....	....
Nosotros	....	....	....	....
Vosotros	....	....	....	....
Ellos, Ellas	....	....	....	....

	ver	oír	dormir	conducir
Yo	....	....	....	....
Tú	....	....	....	....
Él, Ella	....	....	....	....
Nosotros	....	....	....	....
Vosotros	....	....	....	....
Ellos, Ellas	....	....	....	....

4. Conjugate all these verbs by person.

	salir	seguir	calentar	volver
Yo	....	....	....	....
Tú	....	....	....	....
Él, Ella	....	....	....	....
Nosotros	....	....	....	....
Vosotros	....	....	....	....
Ellos, Ellas	....	....	....	....

	querer	decir	saber	probar
Yo	....	....	....	....
Tú	....	....	....	....
Él, Ella	....	....	....	....
Nosotros	....	....	....	....
Vosotros	....	....	....	....
Ellos, Ellas	....	....	....	....

	sentir	repetir	dar	construir
Yo	....	....	....	....
Tú	....	....	....	....
Él, Ella	....	....	....	....
Nosotros	....	....	....	....
Vosotros	....	....	....	....
Ellos, Ellas	....	....	....	....

	poner	agradecer	ser	contar
Yo	....	....	....	....
Tú	....	....	....	....
Él, Ella	....	....	....	....
Nosotros	....	....	....	....
Vosotros	....	....	....	....
Ellos, Ellas	....	....	....	....

4. Conjugate all these verbs by person.

	traer	venir	influir	ir
Yo	....	....	....	....
Tú	....	....	....	....
Él, Ella	....	....	....	....
Nosotros	....	....	....	....
Vosotros	....	....	....	....
Ellos, Ellas	....	....	....	....

	producir	freír	mover	empezar
Yo	....	....	....	....
Tú	....	....	....	....
Él, Ella	....	....	....	....
Nosotros	....	....	....	....
Vosotros	....	....	....	....
Ellos, Ellas	....	....	....	....

	pensar	recordar	caber	jugar
Yo	....	....	....	....
Tú	....	....	....	....
Él, Ella	....	....	....	....
Nosotros	....	....	....	....
Vosotros	....	....	....	....
Ellos, Ellas	....	....	....	....

	acostarse	poder	encender	despertarse
Yo	....	....	....	....
Tú	....	....	....	....
Él, Ella	....	....	....	....
Nosotros	....	....	....	....
Vosotros	....	....	....	....
Ellos, Ellas	....	....	....	....

5. Conjugate all these verbs by person - BUT - **in this task the personal pronouns are mixed** (they go in a random order) be careful :)

	tener	pensar	estar	oír
Yo	....	....	....	....
Nosotros	....	....	....	....
Ellos, Ellas	....	....	....	....
Él, Ella	....	....	....	....
Vosotros	....	....	....	....
Tú	....	....	....	....

	empezar	conocer	dormir	venir
Él, Ella	....	....	....	....
Yo	....	....	....	....
Tú	....	....	....	....
Nosotros	....	....	....	....
Ellos, Ellas	....	....	....	....
Vosotros	....	....	....	....

	dar	volver	influir	sentir
Tú	....	....	....	....
Ellos, Ellas	....	....	....	....
Nosotros	....	....	....	....
Yo	....	....	....	....
Vosotros	....	....	....	....
Él, Ella	....	....	....	....

	conducir	querer	pedir	poder
Nosotros	....	....	....	....
Yo	....	....	....	....
Vosotros	....	....	....	....
Él, Ella	....	....	....	....
Tú	....	....	....	....
Ellos, Ellas	....	....	....	....

*6. Fill in the **irregular verbs** in the blanks in the indicated person.*

1) Normalmente mi hermana Lucía _____
a las 10 de la mañana, porque le encanta dormir.
(despertarse, ella)

2) ¿Qué _____ desayunar? (querer, tú)
3) Date prisa, no _____ mucho tiempo. (tener, nosotros)
4) Mi esposo _____ edificios altos. (construir, él)
5) Ahora _____ en la calle principal de la ciudad. (estar, nosotros)

6) ¿Me _____ la sopa por favor? (calentar, tú)

7) Los viernes _____ del trabajo más temprano. (salir, yo)
8) ¿Me _____ ayudar por favor? (poder, usted)
9) _____ demasiado tarde. (acostarse, vosotros)
10) Creo que los niños _____ mucha televisión. (ver, ellos)
11) ¿_____ esta tarde a la fiesta de cumpleaños de Juan? (venir, tú)
12) ¿Cuánto tiempo _____ un pescado? (freír, tú)
13) ¿_____ un taxi? (pedir, nosotros)
14) No _____ a nadie en esta fiesta. (conocer, yo)
15) No _____ mis llaves... ¿_____ dónde están?
(encontrar - yo, saber - tú)

16) ¿Dónde _____ esta planta? (poner, nosotros)

17) ¿Ya _____ la mesa? (servir, yo)
18) - ¿_____ eso? (oír, tú)
   - No, no _____ nada. (oír, yo)
19) Buenas tardes señor Manuel. ¿Cómo _____ hoy?
(sentirse, usted)
20) Normalmente _____ bastante rápido. (conducir, yo)
21) ¿_____ al fútbol? (jugar, tú)
22) Mi mamá _____ a trabajar a las 9. (empezar, ella)
23) ¿Por qué no _____ este pastel. (probar, vosotros)

*7. Now let's combine what we have covered. Fill in the **regular and irregular verbs** in the blanks in the indicated person.*

1) En las fiestas de cumpleaños nosotros siempre _____. (cantar, nosotros)

2) Cada noche mi mamá _____ un libro antes de dormir. (leer, ella)
3) Luis _____ comprar un coche nuevo. (querer, él)
4) Cada mañana _____ con mi hermano. (correr, yo)
5) Ahora _____ en la biblioteca, te _____ más tarde. (estar - nosotros, llamar - yo)

6) Yo _____ tomar café con leche. (preferir, yo)

7) Cada sábado Juan _____ al cine con su novia. (ir, él)
8) Maricela y yo _____ bailarinas profesionales. (ser)
9) Mi abuela _____ las mejores empanadas. (cocinar)
10) Después de la escuela los niños siempre _____ al fútbol en el patio. (jugar)

11) ¿Vosotros _____ verduras y frutas en mercado o en supermercado? (comprar)

12) Ellos _____ que la fiesta es el viernes, y yo _____ que es el sábado. (decir)
13) ¿_____ ustedes cuándo _____ el autobús? (saber - ustedes, llegar - él)
14) Ella _____ a visitarnos este fin de semana. (venir)
15) Ellos _____ 18 perros. (tener)
16) Érica siempre _____ tarde a casa, porque _____ en una universidad y después _____ en un gimnasio. (volver, estudiar, trabajar)

17) Cada domingo _____ pescado entero o mariscos para cenar. (freír, yo)

18) _____ muy bien, gracias. (sentirse, yo)
19) ¿A qué hora _____? (acostarse, tú)
20) Siempre _____ mi día con frutas. (empezar, yo)

*8. Fill in the **regular and irregular verbs** in the blanks in the indicated person in Presente Simple.*

Mi nombre es Carla. (ser)

Yo (vivir) _____ en una ciudad pequeña llamada Santillana del Mar, España. Yo (tener) _____ una familia grande - mi mamá Pilar, papá Daniel y tres hermanos Julia, Sofía y Hugo. Mis abuelos (vivir) _____ cerca de nosotros. Nosotros (disfrutar) _____ mucho de la vida aquí, porque es muy tranquila, el clima es muy agradable y también (venir) _____ turistas de diferentes países. Durante la semana, yo (trabajar) _____ en una panadería. Me (encantar) _____ mi trabajo y nosotros cada día (preparar) _____ pan y dulces frescos y deliciosos.

Mi hermano Hugo, (estudiar) _____ en la universidad de Madrid. Él (querer) _____ ser médico. Cada mes él (venir) _____ a casa. Nosotros (hacer) _____ fiesta y (reunirse) _____ con toda la familia.

Mis padres (ser) _____ profesores. Mi mamá (enseñar) _____ matemáticas y mi papá (trabajar) _____ en una escuela primaria. Ellos (ser) _____ muy buenos con los niños.

Los fines de semana, mi familia y yo (salir) _____ al campo. Nosotros (caminar) _____ por el bosque y (disfrutar) _____ de la naturaleza.

Yo (tener) _____ muchos amigos. Nosotros (pasear) _____ en la plaza del pueblo. Mi amigo Juan (traer) _____ su guitarra y (cantar) _____ todos juntos. Otras veces, (ver) _____ películas en casa de alguien. Nosotros (pasar) _____ mucho tiempo juntos.

Así es como mi vida (transcurrir) _____ en mi pueblo. Yo (amar) _____ a mi familia, mis amigos y mi trabajo. La verdadera felicidad (estar) _____ en las pequeñas cosas, como una buena charla con amigos o una tarde tranquila en el campo.

Futuro Simple
Future Simple tense

→ *regular verbs*

	hablar	**comer**	**vivir**
Yo	hablar **é**	comer **é**	vivir **é**
Tú	hablar **ás**	comer **ás**	vivir **ás**
Él, Ella, Ud	hablar **á**	comer **á**	vivir **á**
Nosotros	hablar **emos**	comer **emos**	vivir **emos**
Vosotros	hablar **éis**	comer **éis**	vivir **éis**
Ellos, Ellas, Uds	hablar **án**	comer **án**	vivir **án**

<u>When do we use this tense?</u>

- to name actions that will be done in the future

(- tomorrow we will go to the beach - mañana iremos a la playa,
- next year I will buy myself a car - el próximo año me compraré un coche,
- this summer I will travel to Spain - este verano viajaré a España)

📌 **The peculiarity** of this future tense is that it is probable (not 100% exact) - maybe, most likely

Pana Hispana
@pana.hispana.eng

El próximo año viajaré a Cancún, México

1. *Conjugate all these verbs by person.*

	hablar	escribir	bailar	comprar
Yo	....	....	....	....
Tú	....	....	....	....
Él, Ella	....	....	....	....
Nosotros	....	....	....	....
Vosotros	....	....	....	....
Ellos, Ellas	....	....	....	....

	ir	preparar	leer	responder
Yo	....	....	....	....
Tú	....	....	....	....
Él, Ella	....	....	....	....
Nosotros	....	....	....	....
Vosotros	....	....	....	....
Ellos, Ellas	....	....	....	....

	cocinar	recibir	preguntar	viajar
Yo	....	....	....	....
Tú	....	....	....	....
Él, Ella	....	....	....	....
Nosotros	....	....	....	....
Vosotros	....	....	....	....
Ellos, Ellas	....	....	....	....

	mejorar	pedir	construir	volver
Yo	....	....	....	....
Tú	....	....	....	....
Él, Ella	....	....	....	....
Nosotros	....	....	....	....
Vosotros	....	....	....	....
Ellos, Ellas	....	....	....	....

1. *Conjugate all these verbs by person.*

	intentar	estudiar	dibujar	traducir
Yo	....	....	....	....
Tú	....	....	....	....
Él, Ella	....	....	....	....
Nosotros	....	....	....	....
Vosotros	....	....	....	....
Ellos, Ellas	....	....	....	....

	insistir	ver	estar	dar
Yo	....	....	....	....
Tú	....	....	....	....
Él, Ella	....	....	....	....
Nosotros	....	....	....	....
Vosotros	....	....	....	....
Ellos, Ellas	....	....	....	....

	despertarse	conocer	pasar	dormir
Yo	....	....	....	....
Tú	....	....	....	....
Él, Ella	....	....	....	....
Nosotros	....	....	....	....
Vosotros	....	....	....	....
Ellos, Ellas	....	....	....	....

	acostarse	abrir	pensar	ser
Yo	....	....	....	....
Tú	....	....	....	....
Él, Ella	....	....	....	....
Nosotros	....	....	....	....
Vosotros	....	....	....	....
Ellos, Ellas	....	....	....	....

*2. Conjugate all these verbs by person - BUT - **in this task the personal pronouns are mixed** (they go in a random order) be careful :)*

	servir	**comer**	**repetir**	**desayunar**
Yo	....	....	....	....
Nosotros	....	....	....	....
Ellos, Ellas	....	....	....	....
Él, Ella	....	....	....	....
Vosotros	....	....	....	....
Tú	....	....	....	....

	escoger	**cantar**	**estar**	**ser**
Nosotros	....	....	....	....
Yo	....	....	....	....
Vosotros	....	....	....	....
Él, Ella	....	....	....	....
Tú	....	....	....	....
Ellos, Ellas	....	....	....	....

	dar	**regresar**	**escuchar**	**subir**
Él, Ella	....	....	....	....
Yo	....	....	....	....
Tú	....	....	....	....
Nosotros	....	....	....	....
Ellos, Ellas	....	....	....	....
Vosotros	....	....	....	....

	cerrar	**repetir**	**visitar**	**vivir**
Tú	....	....	....	....
Ellos, Ellas	....	....	....	....
Nosotros	....	....	....	....
Yo	....	....	....	....
Vosotros	....	....	....	....
Él, Ella	....	....	....	....

*3. Fill in the **regular verbs** in the blanks in the indicated person.*

1) El próximo año _____ a México. (viajar, nosotros)

2) No te preocupes, _____ el proyecto antes de la fecha límite. (completar, yo)

3) Nosotros _____ el contrato el próximo lunes. (firmar)

4) La semana que viene, _____ de leer ese libro tan interesante. (terminar, yo)

5) El domingo, mi mamá _____ flores en el jardín. (plantar)

6) Isabela y Claudio _____ una fiesta sorpresa para María. (organizar)

7) El próximo lunes, Eugenia _____ el nuevo curso de inglés. (comenzar)

8) Mis padres _____ a los niños durante este viaje. (cuidar)

9) _____ en 2 horas. (volver, yo)

10) ¿_____ la cena? (preparar, vosotros)

11) ¿A qué hora _____? (terminar, vosotros)

12) Ella _____ yoga en el parque mañana. (enseñar, ella)

13) El sábado _____ un regalo para el cumpleaños de tu hermana. (comprar, nosotros)

14) Le _____ mañana. (llamar, yo)

15) ¿Cuándo _____ vuestros regalos? (abrir, vosotros)

16) La semana que viene, _____ el aceite en mi coche. (cambiar, yo)

17) Lo _____ después. (entender, él)

18) _____ el reporte mañana. (revisar, yo)

19) ¿Qué _____ hoy? (comer, ustedes)

20) Este fin de semana _____ todo el día. (descansar, yo)

21) En 1 año _____ en mi casa privada. (vivir, yo)

22) Este vuelo _____ con un retraso. (llegar, él)

23) Esta noche _____ paella. (cenar, nosotros)

irregular verbs

hacer	->	**har**é, **har**ás, hará, haremos, haréis, harán
decir	->	**dir**é, **dir**ás, dirá...
poner	->	**pondr**é, pondrás, pondrá....
caber	->	**cabr**é, cabrás, cabrá...
poder	->	**podr**é, podrás, podrá...
querer	->	**querr**é, querrás, querrá...
saber	->	**sabr**é, sabrás, sabrá...
salir	->	**saldr**é, saldrás, saldrá...
tener	->	**tendr**é, tendrás, tendrá...
valer	->	**valdr**é, valdrás, valdrá...
venir	->	**vendr**é, vendrás, vendrá...

4. Conjugate all these verbs by person.

	saber	**caber**	**decir**	**salir**
Yo	....	....	....	....
Tú	....	....	....	....
Él, Ella	....	....	....	....
Nosotros	....	....	....	....
Vosotros	....	....	....	....
Ellos, Ellas	....	....	....	....

	hacer	**tener**	**poner**	**valer**
Yo	....	....	....	....
Tú	....	....	....	....
Él, Ella	....	....	....	....
Nosotros	....	....	....	....
Vosotros	....	....	....	....
Ellos, Ellas	....	....	....	....

	poder	venir	querer	hacer
Yo	....	....	....	....
Tú	....	....	....	....
Él, Ella	....	....	....	....
Nosotros	....	....	....	....
Vosotros	....	....	....	....
Ellos, Ellas	....	....	....	....

	decir	saber	salir	tener
Yo	....	....	....	....
Tú	....	....	....	....
Él, Ella	....	....	....	....
Nosotros	....	....	....	....
Vosotros	....	....	....	....
Ellos, Ellas	....	....	....	....

5. Conjugate all these verbs by person - BUT - in this task the personal pronouns are mixed *(they go in a random order) be careful :)*

	poner	hacer	venir	poder
Yo	....	....	....	....
Nosotros	....	....	....	....
Ellos, Ellas	....	....	....	....
Él, Ella	....	....	....	....
Vosotros	....	....	....	....
Tú	....	....	....	....

	querer	salir	decir	tener
Tú	....	....	....	....
Ellos, Ellas	....	....	....	....
Nosotros	....	....	....	....
Yo	....	....	....	....
Vosotros	....	....	....	....
Él, Ella	....	....	....	....

6. Fill in the *irregular verbs* in the blanks in the indicated person.

1) Mañana, antes de ir a la playa, _____ que pasar por mi oficina. (tener, nosotros)

2) ¿_____ venir mañana a la fiesta? (poder, tú)

3) ¿_____ esta noche con Manuel? (salir, tú)

4) Le _____ las noticias mañana. (decir, yo)

5) ¿_____ mis nuevas botas en la maleta? (caber, ellas)

6) ¿Qué _____ esta noche? (hacer, vosotros)

7) ¡_____ la pena, _____! (valer - ella, ver - tú)

8) ¿Dónde _____ esta caja? (poner, nosotros)

9) Me _____ los resultados mañana. (decir, ellos)

10) Nunca _____ la verdad.... (saber, nosotros)

11) ¿Cómo puedo adivinar qué _____ hacer en 10 minutos? (querer, tú)

12) _____ pasar por el paquete en la tarde, ahora tengo una reunión. (poder, yo)

13) ¡Wow, qué bolso tan bonito! ¿_____ mucho? (valer, él)

14) ¿Qué _____ mañana? (hacer, tú)

15) Mis padres _____ mañana a las 12. Hay que limpiar la casa antes. (venir, ellos)

16) Esta noche para la fiesta _____ un vestido rojo muy bonito. (ponerse, yo)

17) Cariño, este armario no _____ en nuestra habitación. (caber, él)

18) Les _____ las noticias este fin de semana. (decir, nosotros)

19) Ya muy pronto _____ mi propia casa. (tener, yo)

20) Mañana _____ de casa más temprano, para llegar a tiempo. (salir, nosotros)

21) Estoy segura de que _____ terminar el proyecto antes del lunes. (poder, nosotros)

22) ¿_____ tiempo este fin de semana para ayudarme con mi tarea? (tener, tú)

23) Para el cumpleaños de Maricela _____ un pastel. (hacer, nosotros)

7. Now let's combine what we have covered. Fill in the regular and irregular verbs in the blanks in the indicated person.

1) En junio _____ a Japón y _____ mucho sushi. (viajar, comer - nosotros)
2) ¿_____ su propuesta? (aceptar, tú)
3) _____ la respuesta solamente mañana. (saber, yo)
4) El sábado _____ a visitar a tus tíos. (ir, nosotros)
5) Te _____ mañana. (escribir, yo)
6) Hoy no _____ ir a la fiesta de Pablo, porque tengo mucho trabajo. (poder, yo)
7) Para la cena _____ una pasta. (preparar, yo)
8) Mamá, _____ tarde, acuéstate. (regresar, yo)
9) _____ las llaves del carro en la mesa. (dejar, yo)
10) Todos estos productos no _____ en el frigorífico. (caber, ellos)
11) _____ por el coche en la tarde. (venir, yo)
12) Le _____ nuestra idea más tarde. (decir, nosotros)
13) _____ el paquete el lunes. (recoger, yo)
14) _____ un traje de baño en México, aquí ya no me da tiempo. (comprar, yo)
15) Hoy _____ del trabajo más temprano, así que _____ ir al cine. (salir - yo, poder - nosotros)
16) ¿Cómo _____ tu cumpleaños este año? (celebrar, tú)
17) En la noche _____ en el nuevo restaurante que abrieron la semana pasada. (cenar, nosotros)
18) Sofía y Marcos _____ su casa y _____ una nueva. (vender, comprar - ellos)
19) En la tarde _____ al súper. (ir, yo)
20) Mi hermana _____ a los Estados Unidos. (mudarse, ella)
21) En México _____ los verdaderos tacos. (probar, nosotros)
22) ¿Qué _____ el domingo? (hacer, ustedes)
23) En el nuevo trabajo _____ más dinero. (ganar, yo)
24) Creo que _____ una ensalada. (pedir, yo)

*8. Fill in the **regular and irregular verbs** in the blanks in the indicated person in Futuro Simple.*

Yo pienso que en el año 2050 la tecnología (cambiar) _____ nuestras vidas por completo.

(Aparecer) _____ nuevas profesiones por el desarollo de la inteligencia artificial. Y muchas cosas que antes hacían las personas, ahora (hacer) _____ los robots.

El acceso a la información de diferentes areas (ser) _____ más accecible y gracias a eso, los científicos por fin (encontrar) _____ las medicinas para curar el cáncer y otras enfermedades, y eso (ayudar) _____ a muchas familias vivir una vida larga y feliz.

Gracias al desarroyo de la industria espacial, mucha gente (poder) _____ viajar al espacio y (tener) _____ la oportunidad de ver la Tierra y visitar otros planetas.

Los coches (ser) _____ 100% automatizados y (poder) _____ funcionar sin conductor.
También los ingenieros (crear) _____ tecnologías limpias y así (haber) _____ menos impacto negativo en la naturaleza.

La tierra y el aire (limpiarse) _____ y nosotros (poder) _____ consumir productos más sanos y deliciosos.

Pero al mismo tiempo, el futuro (depender) _____ de nuestra capacidad de utilizar la tecnología de manera sabia y responsable. Las máquinas no tienen sentimientos y solamente las personas pueden usar su poder para el mal o para el bien.

Con cada nuevo descubrimiento nosotros (acercarse) _____ más a un mundo lleno de posibilidades emocionantes.

Words from the text

el desarollo	- development
la inteligencia artificial	- artificial intelligence
los robots	- the robots
accecible	- accessible
gracias a	- thanks to
curar	- to cure, to heal
el cancer	- cancer
la industria espacial	- the space industry
el espacio	- space
la Tierra	- the Earth
un planeta	- planet
tecnologías limpias	- clean technologies
consumir	- to consume
depender de	- to depend on
capacidad de utilizar de manera sabia y responsable	- ability to use wisely and responsibly
para el mal o para el bien	- for bad or for good
descubrimiento	- a discovery
lleno de posibilidades	- full of possibilities

Notes

Ir a + infinitivo
Future tense

	bail<u>ar</u>	**le<u>er</u>**	**viv<u>ir</u>**
Yo	**voy a** bailar	**voy a** leer	**voy a** vivir
Tú	**vas a** bailar	**vas a** leer	**vas a** vivir
Él, Ella, Ud	**va a** bailar	**va a** leer	**va a** vivir
Nosotros	**vamos a** bailar	**vamos a** leer	**vamos a** vivir
Vosotros	**vais a** bailar	**vais a** leer	**vais a** vivir
Ellos, Ellas, Uds	**van a** bailar	**van a** leer	**van a** vivir

<u>When do we use this tense?</u>

- to name actions that will definitely or most likely be done in the future

*(- tomorrow we are going to have breakfast at a restaurant - mañana vamos a desayunar en un restaurante,
- now I'm going to go to the market - ahora voy a ir al mercado,
- this weekend we are going to visit our grandparents - este fin de semana vamos a visitar a nuestros abuelos)*

📌 **The peculiarity** of this future tense is that it is 100% or 99.99% exact. And here all the verbs are regular, because we use the infinitive of the verb in the construction :)

1. *Conjugate all these verbs by person.*

	cenar	**calentar**	**llamar**
Yo	....	....	....
Tú	....	....	....
Él, Ella	....	....	....
Nosotros	....	....	....
Vosotros	....	....	....
Ellos, Ellas	....	....	....

	escribir	**freír**	**dormir**
Yo	....	....	....
Tú	....	....	....
Él, Ella	....	....	....
Nosotros	....	....	....
Vosotros	....	....	....
Ellos, Ellas	....	....	....

	comer	**leer**	**vender**
Yo	....	....	....
Tú	....	....	....
Él, Ella	....	....	....
Nosotros	....	....	....
Vosotros	....	....	....
Ellos, Ellas	....	....	....

	ir	**acostarse**	**vestirse**
Yo	....	....	....
Tú	....	....	....
Él, Ella	....	....	....
Nosotros	....	....	....
Vosotros	....	....	....
Ellos, Ellas	....	....	....

2. Conjugate all these verbs by person - BUT - **in this task the personal pronouns are mixed** *(they go in a random order) be careful :)*

	nadar	**escuchar**	**preparar**
Él, Ella	....	....	....
Yo	....	....	....
Tú	....	....	....
Nosotros	....	....	....
Ellos, Ellas	....	....	....
Vosotros	....	....	....

	hacer	**volver**	**mover**
Tú	....	....	....
Ellos, Ellas	....	....	....
Nosotros	....	....	....
Yo	....	....	....
Vosotros	....	....	....
Él, Ella	....	....	....

	pedir	**venir**	**ir**
Yo	....	....	....
Nosotros	....	....	....
Ellos, Ellas	....	....	....
Él, Ella	....	....	....
Vosotros	....	....	....
Tú	....	....	....

	decir	**saber**	**acostarse**
Nosotros	....	....	....
Yo	....	....	....
Vosotros	....	....	....
Él, Ella	....	....	....
Tú	....	....	....
Ellos, Ellas	....	....	....

3. Fill in the verbs in the blanks in the indicated person.

1) Este fin de semana _____ a Londres. (viajar, nosotros)

2) Elena mañana _____ al médico. (visitar, ella)
3) El lunes mi compañía _____ un contrato muy importante. (firmar, ella)
4) Hoy _____ más temprano. (terminar, nosotros)
5) El próximo mes mis amigos _____ a otra ciudad. (mudarse, ellos)

6) Paola _____ el cabello. (cortarse, ella)

7) Esta noche _____ un pastel de chocolate. (preparar, yo)
8) ¿_____ hoy? (salir, tú)
9) Mis padres _____ más tarde. (venir, ellos)
10) ¿_____ a la fiesta? (ir, tú)
11) Aquí _____ un edificio nuevo. (construir, ellos)
12) _____ este coche, porque quiero comprar uno nuevo. (vender, yo)
13) ¿Ustedes qué _____ esta noche? (hacer, ustedes)
14) _____ a la tienda. ¿Te compro algo? (ir, yo)
15) El viernes _____ un espectáculo. (ver, nosotros)
16) El domingo _____ a la playa. (ir, nosotros)
17) Este fin de semana _____ nada. (hacer, yo)
18) Nosotros _____ una casa. (comprar, nosotros)
19) Este año _____ a conducir. (aprender, yo)
20) _____ este proyecto antes del lunes. (terminar, yo)
21) A partir del próximo mes _____ a comer saludablemente. (empezar, yo)

Pretérito Perfecto (compuesto)
the past tense connected to the present

 *regular verbs*

	visitar	**leer**	**vivir**
Yo	**he** visit**ado**	**he** le**ído**	**he** viv**ido**
Tú	**has** visit**ado**	**has** le**ído**	**has** viv**ido**
Él, Ella, Ud	**ha** visit**ado**	**ha** le**ído**	**ha** viv**ido**
Nosotros	**hemos** visit**ado**	**hemos** le**ído**	**hemos** viv**ido**
Vosotros	**habéis** visit**ado**	**habéis** le**ído**	**habéis** viv**ido**
Ellos, Ellas, Uds	**han** visit**ado**	**han** le**ído**	**han** viv**ido**

When do we use this tense?

- to name actions that we have done in the past connected to the present - in a period of time that is still ongoing.

(today I have woken up at 8 am - hoy me he despertado a las 8 de la mañana)
Markers: hoy, esta mañana, esta tarde, esta noche, esta primavera, esta semana, este fin de semana, este mes, este año

- to name actions that we have done in the indefinite past (we do not specify any moment)

(look, I have bought a very beautiful red dress - mira, he comprado un vestido rojo muy bonito)

- to talk about experience

(I've never been to Japan - yo nunca he estado en Japón;
have you ever tried Spanish paella? - ¿alguna vez has probado la paella española?)
Markers: nunca, alguna vez, ya, todavía no, aún no

1. *Conjugate all these verbs by person.*

	comprar	viajar	llamar
Yo	....	....	....
Tú	....	....	....
Él, Ella	....	....	....
Nosotros	....	....	....
Vosotros	....	....	....
Ellos, Ellas	....	....	....

	vender	esconder	conocer
Yo	....	....	....
Tú	....	....	....
Él, Ella	....	....	....
Nosotros	....	....	....
Vosotros	....	....	....
Ellos, Ellas	....	....	....

	recibir	construir	dormir
Yo	....	....	....
Tú	....	....	....
Él, Ella	....	....	....
Nosotros	....	....	....
Vosotros	....	....	....
Ellos, Ellas	....	....	....

	ir	tener	vestirse
Yo	....	....	....
Tú	....	....	....
Él, Ella	....	....	....
Nosotros	....	....	....
Vosotros	....	....	....
Ellos, Ellas	....	....	....

2. Conjugate all these verbs by person - BUT - in this task the personal pronouns are mixed (they go in a random order) be careful :)

	recordar	probar	encontrar
Nosotros	....	....	....
Yo	....	....	....
Vosotros	....	....	....
Él, Ella	....	....	....
Tú	....	....	....
Ellos, Ellas	....	....	....

	ser	poder	encender
Yo	....	....	....
Nosotros	....	....	....
Ellos, Ellas	....	....	....
Él, Ella	....	....	....
Vosotros	....	....	....
Tú	....	....	....

	repetir	elegir	salir
Tú	....	....	....
Ellos, Ellas	....	....	....
Nosotros	....	....	....
Yo	....	....	....
Vosotros	....	....	....
Él, Ella	....	....	....

	estar	traer	despertarse
Él, Ella	....	....	....
Yo	....	....	....
Tú	....	....	....
Nosotros	....	....	....
Ellos, Ellas	....	....	....
Vosotros	....	....	....

*3. Fill in the **regular verbs** in the blanks in the indicated person.*

1) Hoy por fin _____ despertarme temprano y _____ a correr. (poder, ir - yo)

2) Este fin de semana _____ súper bien. (descansar, yo)
3) Mi mamá nunca _____ en México. (estar, ella)
4) _____ todos estos libros. (leer, yo)
5) Este año _____ al extranjero 4 veces. (viajar, nosotros)

6) -¿_____ alguna vez guacamole? (probar, tú)
- Sí, ¡me encanta!

7) ¿_____ ya un vestido para tu boda? (encontrar, tú)
8) Hoy _____ un día muy ocupado, pero productivo. (tener, yo)
9) ¿_____ ya tu proyecto? (terminar, tú)
10) Mi hermano _____ 24 países. (visitar, él)
11) _____ que la familia es lo más importante. (entender, yo)
12) Chicos, ¿_____ ya el reporte? (finalizar, ustedes)
13) ¿_____ la luz? (apagar, tú)
14) ¿_____ esta nueva canción de Shakira? (escuchar, tú)

15) _____ 14 horas para llegar aquí. (volar, yo)

16) ¿_____ a José? (llamar, vosotros)
17) ¿A qué hora _____? (despertarse, vosotros)
18) ¿_____ el paquete? (recibir, usted)
19) ¿_____ ya? (cenar, vosotros)
20) Mi amiga nunca _____ salsa. (bailar, ella)
21) ¿Alguna vez _____ churros? (comer, ustedes)

 *irregular verbs*

hacer	->	hecho		escribir	->	escrito
decir	->	dicho		romper	->	roto
poner	->	puesto		morir	->	muerto
ver	->	visto		volver	->	vuelto
abrir	->	abierto		resolver	->	resuelto
cubrir	->	cubierto		freír	->	frito

4. Conjugate all these verbs by person.

	poner	abrir	decir
Yo	....	....	....
Tú	....	....	....
Él, Ella	....	....	....
Nosotros	....	....	....
Vosotros	....	....	....
Ellos, Ellas	....	....	....

	escribir	volver	hacer
Yo	....	....	....
Tú	....	....	....
Él, Ella	....	....	....
Nosotros	....	....	....
Vosotros	....	....	....
Ellos, Ellas	....	....	....

	ver	freír	resolver
Yo	....	....	....
Tú	....	....	....
Él, Ella	....	....	....
Nosotros	....	....	....
Vosotros	....	....	....
Ellos, Ellas	....	....	....

4. Conjugate all these verbs by person.

	romper	**poner**	**morir**
Yo	....	....	....
Tú	....	....	....
Él, Ella	....	....	....
Nosotros	....	....	....
Vosotros	....	....	....
Ellos, Ellas	....	....	....

	cubrir	**decir**	**abrir**
Yo	....	....	....
Tú	....	....	....
Él, Ella	....	....	....
Nosotros	....	....	....
Vosotros	....	....	....
Ellos, Ellas	....	....	....

	ver	**escribir**	**resolver**
Yo	....	....	....
Tú	....	....	....
Él, Ella	....	....	....
Nosotros	....	....	....
Vosotros	....	....	....
Ellos, Ellas	....	....	....

	hacer	**romper**	**freír**
Yo	....	....	....
Tú	....	....	....
Él, Ella	....	....	....
Nosotros	....	....	....
Vosotros	....	....	....
Ellos, Ellas	....	....	....

5. Conjugate all these verbs by person - BUT - **in this task the personal pronouns are mixed** *(they go in a random order)* be careful :)

	hacer	**ver**	**poner**
Yo	....	....	....
Él, Ella	....	....	....
Vosotros	....	....	....
Nosotros	....	....	....
Tú	....	....	....
Ellos, Ellas	....	....	....

	romper	**decir**	**escribir**
Yo	....	....	....
Nosotros	....	....	....
Ellos, Ellas	....	....	....
Él, Ella	....	....	....
Vosotros	....	....	....
Tú	....	....	....

	volver	**morir**	**resolver**
Él, Ella	....	....	....
Yo	....	....	....
Tú	....	....	....
Nosotros	....	....	....
Ellos, Ellas	....	....	....
Vosotros	....	....	....

	cubrir	**abrir**	**freír**
Tú	....	....	....
Ellos, Ellas	....	....	....
Nosotros	....	....	....
Yo	....	....	....
Vosotros	....	....	....
Él, Ella	....	....	....

*6. Fill in the **irregular verbs** in the blanks in the indicated person.*

1) ¿_____ la nueva película con Gal Gadot? (ver, tú)

2) ¿Dónde _____ la sartén?. (poner, vosotros)

3) Mi hermano _____ un restaurante. (abrir, él)

4) _____ el pescado para la cena. (freír, yo)

5) Niños, ¿_____ la tarea? (hacer, vosotros)

6) ¿_____ las noticias a Felipe? (decir, tú)

7) Mi amiga _____ un libro muy interesante. (escribir, ella)

8) -¿_____ la sopa? (cubrir, tú)

9) _____ las llaves en la mesa. (poner, yo)

10) ¿Quién _____ la taza? (romper, él)

11) ¿Fernanda ya _____ del viaje? (volver, ella)

12) ¿_____ mi celular/móvil? No lo puedo encontrar… (ver, vosotros)

13) Ellos ya _____ este problema. (resolver, ellos)

14) Pablo y Mónica _____ a casa muy tarde. (volver, ellos)

15) Ustedes _____ muy buen trabajo. (hacer, ustedes)

16) Los niños otra vez _____ la caja con juguetes. (romper, ellos)

17) Este móvil / celular _____. Necesito uno nuevo. (morir, él)

18) ¿Qué le _____ a Manuel? (decir, ustedes)

19) Mmm.. ¡huele rico! ¿_____ patatas con ajo? (freír, tú)

20) No te preocupes, _____ el coche / el carro con una funda. (cubrir, yo)

21) ¡Por fin _____ este problema matemático! (resolver, yo)

22) _____ tu bolso en el armario, busca allí. (ver, yo)

7. Now let's combine what we have covered. Fill in the regular and irregular verbs in the blanks in the indicated person.

1) _____ en este restaurante muchas veces. (comer, yo)

2) Mi hermano Roberto _____ a muchos países diferentes. (viajar, él)

3) Nosotros _____ esa película antes. (ver, nosotros)

4) Mi abuela _____ una cena deliciosa. (cocinar, ella)

5) Isabela _____ su bicicleta. (romper, ella)

6) Camila ya _____ todos sus regalos. (abrir, ella)

7) Mis amigos Juan y Marcos _____ un maratón. (correr, ellos)

8) Mi abuela _____ una bufanda para mi. (tejer, ella)

9) ¿_____ tu tarea? (terminar, tú)

10) ¿_____ el paquete? (abrir, ustedes)

11) Esta semana no _____ a la oficina. (ir, yo)

12) Uy, _____ setas. ¡Qué rico! (freír, tú)

13) Esta mañana _____ mucho café, porque no _____ bien. (tomar, dormir - yo)

14) ¿_____ mucho en la escuela? (aprender, vosotros)

15) Este fin de semana mis padres _____ su aniversario. (celebrar, ellos)

16) ¡Mira! Paco _____ un castillo de arena. (construir, él)

17) ¿A qué hora _____? (volver, vosotros)

18) ¿Qué _____? (decir, tú)

19) ¿Dónde _____ el secador de pelo? (poner, tú)

20) ¿Para qué _____ la ventana? Hace frío. (abrir, tú)

21) ¿_____ este libro? (leer, vosotros)

22) Este año _____ 4 países nuevos. (visitar, nosotros)

*8. Fill in the **regular and irregular verbs** in the blanks in the indicated person in Pretérito Perfecto.*

Un Viaje Inolvidable

Mis amigos y yo (decidir) _____ viajar a Argentina para conocer este hermoso país. Todos estábamos entusiasmados con la idea de explorar un lugar nuevo y ver su diversa naturaleza.

Yo (planear) _____ toda la ruta, y (organizar) _____ el viaje desde el principio. Manuel es fotógrafo profesional y (traer) _____ su cámara para capturar cada momento especial. José tiene amigos en Argentina y (llevar) _____ muchos regalos para ellos.

Nuestra amiga Paola (decidir) _____ probar la comida local en cada restaurante que íbamos a encontrar en nuestro camino. Así que (comer) _____ muchos platillos deliciosos.
Nosotros (ir) _____ a museos y (conocer) _____ la historia del lugar. Nosotros (disfrutar) _____ mucho de las playas hermosas y (tomar) _____ el sol durante horas. Y claro (visitar) _____ los famosos glaciares.

Paco e Isabela (hacer) _____ amigos con la gente del país y (practicar) _____ el idioma con ellos. Mis amigos Mónica y Roberto (bailar) _____ mucho en una fiesta en la playa.
Todos (pasar) _____ días emocionantes juntos.

Al final del viaje, nosotros (volver) _____ a casa con corazones llenos de recuerdos inolvidables. Este viaje (ser) _____ una experiencia que nunca olvidaremos.

Words from the text

entusiasmado	- enthusiastic
explorar	- to explore
capturar	- to capture
platillos	- dishes
glaciares	- glaciers
inolvidable	- unforgettable

Pretérito Indefinido (simple)

the past NOT connected to the present

 *regular verbs*

	hablar	**vender**	**recibir**
Yo	habl **é**	vend **í**	recib **í**
Tú	habl **aste**	vend **iste**	recib **iste**
Él, Ella, Ud	habl **ó**	vend **ió**	recib **ió**
Nosotros	habl **amos**	vend **imos**	recib **imos**
Vosotros	habl **asteis**	vend **isteis**	recib **isteis**
Ellos, Ellas, Uds	habl **aron**	vend **ieron**	recib **ieron**

When do we use this tense?

- to name actions that we did in the past NOT connected to the present - in a period of time that has already ended

(yesterday I worked until 10 pm - ayer yo trabajé hasta las 10 de la noche)
Markers: anoche, ayer, anteayer, la semana pasada, el mes pasado, el año pasado

- to name actions that we did in a certain past (we clearly specify a specific moment)

(my mother was born in 1973 - mi mamá nació en 1973)
Markers: el lunes, en agosto, en 1986, hace dos días, hace un mes

1. *Conjugate all these verbs by person.*

	comprar	**viajar**	**visitar**
Yo	....	....	....
Tú	....	....	....
Él, Ella	....	....	....
Nosotros	....	....	....
Vosotros	....	....	....
Ellos, Ellas	....	....	....

	comer	**aprender**	**conocer**
Yo	....	....	....
Tú	....	....	....
Él, Ella	....	....	....
Nosotros	....	....	....
Vosotros	....	....	....
Ellos, Ellas	....	....	....

	escribir	**decidir**	**abrir**
Yo	....	....	....
Tú	....	....	....
Él, Ella	....	....	....
Nosotros	....	....	....
Vosotros	....	....	....
Ellos, Ellas	....	....	....

	pagar	**responder**	**añadir**
Yo	....	....	....
Tú	....	....	....
Él, Ella	....	....	....
Nosotros	....	....	....
Vosotros	....	....	....
Ellos, Ellas	....	....	....

2. Conjugate all these verbs by person - BUT - **in this task the personal pronouns are mixed** (they go in a random order) be careful :)

	recordar	**trabajar**	**encontrar**
Él, Ella	....	....	....
Yo	....	....	....
Tú	....	....	....
Nosotros	....	....	....
Ellos, Ellas	....	....	....
Vosotros	....	....	....

	beber	**esconder**	**encender**
Nosotros	....	....	....
Yo	....	....	....
Vosotros	....	....	....
Él, Ella	....	....	....
Tú	....	....	....
Ellos, Ellas	....	....	....

	salir	**compartir**	**consumir**
Tú	....	....	....
Ellos, Ellas	....	....	....
Nosotros	....	....	....
Yo	....	....	....
Vosotros	....	....	....
Él, Ella	....	....	....

	comprar	**volver**	**vivir**
Yo	....	....	....
Nosotros	....	....	....
Ellos, Ellas	....	....	....
Él, Ella	....	....	....
Vosotros	....	....	....
Tú	....	....	....

*3. Fill in the **regular verbs** in the blanks in the indicated person.*

1) ¿_____ con María ayer? (hablar, tú)
2) ¿Vosotros _____ en el concierto? (cantar, vosotros)
3) Anoche _____ mi habitación. (limpiar, yo)
4) ¿_____ ustedes la semana pasada? (trabajar, ustedes)
5) La semana pasada _____ ropa nueva. (comprar, nosotros)
6) ¿_____ sushi? (cenar, vosotros)
7) ¿_____ a tiempo? (llegar, ustedes)

8) Anoche _____ por el parque. (caminar, yo)

9) Los niños _____ al fútbol ayer. (jugar, ellos)
10) Mi esposo _____ el césped ayer. (cortar, él)
11) ¿_____ en la boda? (bailar, tú)
12) Fernando _____ la guitarra en el concierto. (tocar, él)
13) ¿_____ ustedes en el mar? (nadar, ustedes)
14) ¿_____ con la directora? (hablar, vosotros)
15) Yo _____ un libro ayer. (comprar, yo)
16) ¿_____ al tenis la semana pasada? (jugar, tú)

17) Mis amigos Sandra y Felipe _____ una pizza anoche. (cocinar, ellos)

18) Ayer _____ cinco kilómetros en la mañana. (correr, yo)
19) Anoche Pablo _____ a su amiga con la mudanza. (ayudar, él)
20) La semana pasada _____ a nuestros primos en la ciudad. (visitar, nosotros)
21) El año pasado mis niños _____ en el coro de la iglesia. (cantar, ellos)
22) Paquito _____ una carta a Papá Noel. (escribir, él)
23) ¿_____ a los abuelos en la Navidad? (visitar, ustedes)
24) ¿_____ la comida mexicana anoche? (cenar, vosotros)

Pretérito Indefinido (the past NOT connected to the present)
irregular verbs

Group - j - : in verbs   decir, traer, -ucir

	TRAER	DECIR	TRADUCIR	CONDUCIR	PRODUCIR
Yo	traje	dije	traduje	conduje	produje
Tú	trajiste	dijiste	tradujiste	condujiste	produjiste
Él, Ella	trajo	dijo	tradujo	condujo	produjo
Nosotros	trajimos	dijimos	tradujimos	condujimos	produjimos
Vosotros	trajisteis	dijisteis	tradujisteis	condujisteis	produjisteis
Ellos	trajeron	dijeron	tradujeron	condujeron	produjeron

Group - i - : venir, querer, hacer

	VENIR	QUERER	HACER
Yo	vine	quise	hice
Tú	viniste	quisiste	hiciste
Él, Ella	vino	quiso	hizo
Nosotros	vinimos	quisimos	hicimos
Vosotros	vinisteis	quisisteis	hicisteis
Ellos	vinieron	quisieron	hicieron

Group - u - : poder, poner, haber, saber, caber

	PODER	CABER	PONER	SABER	HABER
Yo	pude	cupe	puse	supe	hube
Tú	pudiste	cupiste	pusiste	supiste	hubiste
Él, Ella	pudo	cupo	puso	supo	hubo
Nosotros	pudimos	cupimos	pusimos	supimos	hubimos
Vosotros	pudisteis	cupisteis	pusisteis	supisteis	hubisteis
Ellos	pudieron	cupieron	pusieron	supieron	hubieron

Group - uv - : andar, estar, tener

	ANDAR	ESTAR	TENER
Yo	anduve	estuve	tuve
Tú	anduviste	estuviste	tuviste
Él, Ella	anduvo	estuvo	tuvo
Nosotros	anduvimos	estuvimos	tuvimos
Vosotros	anduvisteis	estuvisteis	tuvisteis
Ellos	anduvieron	estuvieron	tuvieron

Pretérito Indefinido (the past NOT connected to the present)
irregular verbs

Very irregular :)

	SER / IR	DAR
Yo	fui	di
Tú	fuiste	diste
Él, Ella	fue	dio
Nosotros	fuimos	dimos
Vosotros	fuisteis	disteis
Ellos	fueron	dieron

Slightly irregular verbs :)

- almor**z**ar — almor**c**é, almorzaste, almorzó, almorzamos, almorzasteis, almorzaron
- comen**z**ar — comen**c**é, comenzaste, comenzó, comenzamos, comenzasteis, comenzaron
- lleg**a**r — lleg**ué**, llegaste, llegó, llegamos, llegasteis, llegaron
- pag**a**r — pag**ué**, pagaste, pagó, pagamos, pagasteis, pagaron
- bus**c**ar — bus**qu**é, buscaste, buscó, buscamos, buscasteis, buscaron

Verbs that change in the 3rd person singular (él, ella, usted) and plural (ellos, ellas, ustedes)

O -> U
dormir — dormí, dormiste, d**u**rmió, dormimos, dormisteis, d**u**rmieron
morir — morí, moriste, m**u**rió, morimos moristeis, m**u**rieron

E -> I
mentir — mentí, mentiste, m**i**ntió, mentimos, mentisteis, m**i**ntieron
servir — serví, serviste, s**i**rvió, servimos, servisteis, s**i**rvieron
sentirse — me sentí, te sentiste, se s**i**ntió, nos sentimos, os sentisteis, se s**i**ntieron
reírse — me reí, te reíste, se r**i**ó, nos reímos, os reísteis, se r**i**eron
pedir, preferir, elegir

I -> Y
leer — leí, leíste, le**y**ó, leímos, leísteis, le**y**eron
construir — construí, construiste, constru**y**ó, construimos, contruisteis, constru**y**eron
oír — oí, oíste, o**y**ó, oímos, oísteis, o**y**eron
caer — caí, caíste, ca**y**ó, caímos, caísteis, ca**y**eron

4. Conjugate all these verbs by person.

	querer	**poder**	**traer**
Yo	....	....	....
Tú	....	....	....
Él, Ella	....	....	....
Nosotros	....	....	....
Vosotros	....	....	....
Ellos, Ellas	....	....	....

	leer	**ir**	**tener**
Yo	....	....	....
Tú	....	....	....
Él, Ella	....	....	....
Nosotros	....	....	....
Vosotros	....	....	....
Ellos, Ellas	....	....	....

	traducir	**saber**	**dar**
Yo	....	....	....
Tú	....	....	....
Él, Ella	....	....	....
Nosotros	....	....	....
Vosotros	....	....	....
Ellos, Ellas	....	....	....

	hacer	**llegar**	**ser**
Yo	....	....	....
Tú	....	....	....
Él, Ella	....	....	....
Nosotros	....	....	....
Vosotros	....	....	....
Ellos, Ellas	....	....	....

4. Conjugate all these verbs by person.

	venir	**decir**	**poner**
Yo	....	....	....
Tú	....	....	....
Él, Ella	....	....	....
Nosotros	....	....	....
Vosotros	....	....	....
Ellos, Ellas	....	....	....

	buscar	**dormir**	**estar**
Yo	....	....	....
Tú	....	....	....
Él, Ella	....	....	....
Nosotros	....	....	....
Vosotros	....	....	....
Ellos, Ellas	....	....	....

	sentirse	**oír**	**ir**
Yo	....	....	....
Tú	....	....	....
Él, Ella	....	....	....
Nosotros	....	....	....
Vosotros	....	....	....
Ellos, Ellas	....	....	....

	haber	**pagar**	**andar**
Yo	....	....	....
Tú	....	....	....
Él, Ella	....	....	....
Nosotros	....	....	....
Vosotros	....	....	....
Ellos, Ellas	....	....	....

5. Conjugate all these verbs by person - BUT - **in this task the personal pronouns are mixed** (they go in a random order) be careful :)

	ir	**querer**	**decir**
Tú	....	....	....
Ellos, Ellas	....	....	....
Nosotros	....	....	....
Yo	....	....	....
Vosotros	....	....	....
Él, Ella	....	....	....

	poder	**tener**	**dar**
Yo	....	....	....
Nosotros	....	....	....
Ellos, Ellas	....	....	....
Él, Ella	....	....	....
Vosotros	....	....	....
Tú	....	....	....

	pedir	**hacer**	**traer**
Él, Ella	....	....	....
Yo	....	....	....
Tú	....	....	....
Nosotros	....	....	....
Ellos, Ellas	....	....	....
Vosotros	....	....	....

	estar	**ser**	**venir**
Nosotros	....	....	....
Yo	....	....	....
Vosotros	....	....	....
Él, Ella	....	....	....
Tú	....	....	....
Ellos, Ellas	....	....	....

6. Fill in the **irregular verbs** in the blanks in the indicated person.

1) Yo _____ a la fiesta el viernes pasado. (ir, yo)

2) Anoche _____ una tarta deliciosa. (hacer, nosotros)

3) Ella lo _____ ya muy tarde. (saber, ella)

4) Mi mamá _____ regalos para todos. (traer, ella)

5) Ayer no _____ nadar en el mar, porque el agua estaba muy fría. (poder, nosotros)

6) Anoche Juan _____ con sus amigos. (venir, él)

7) ¿_____ los documentos? (traer, tú)

8) ¿_____ al zoológico el domingo pasado? (ir, vosotros)

9) ¿Qué _____ en la reunión? (decir, ustedes)

10) Más tarde Eugenio y Mónica _____ a ayudarnos. (venir, ellos)

11) ¿_____ un buen día ayer? (tener, tú)

12) Mi abuela no _____ ir a la playa con nosotros. (querer, ella)

13) ¿_____ este libro tú sola? (traducir, tú)

14) Mi amiga _____ muy bien después del spa. (sentirse, ella)

15) Lucas _____ súper bien toda la noche. (dormir, él)

16) Ayer _____ todo el día con Maricela. (estar, yo)

17) Anoche mi mamá me _____ un libro. (leer, ella)

18) Mis padres _____ esta casa en 1986. (construir, ellos)

19) El viernes _____ al cine para ver la nueva película de Pablo Almodóvar. (ir, nosotros)

20) Creo que le _____ un consejo muy bueno ayer. (dar, yo)

21) El abrigo no _____ en la maleta. (caber, él)

22) Maite me _____ comprarle un ferrocarril. (pedir, él)

*7. Now let's combine what we have covered. Fill in the **regular and irregular verbs** in the blanks in the indicated person.*

1) Bruno _____ toda la noche para el examen. (estudiar, él)

2) Tú _____ muy alto en la competición. (saltar, tú)
3) ¿_____ regalos para la fiesta? (comprar, ustedes)
4) ¿A qué hora _____ a casa ayer? (venir, tú)
5) ¿_____ al golf el domingo? (jugar, vosotros)
6) La semana pasada _____ la casa completa. (limpiar, yo)
7) ¿_____ la tarea para mañana? (hacer, tú)

8) ¿Qué _____ en el Año Nuevo? (hacer, vosotros)

9) Tú _____ un cuadro hermoso la semana pasada. (pintar, tú)
10) Ellas _____ tarde a la reunión. (llegar, ellas)
11) En el concierto _____ muchísima gente. (haber, ella)
12) ¿A dónde _____ anoche? (ir, vosotros)
13) Ayer no _____ tiempo para pasar por la pescadería. (tener, nosotros)
14) Sofía _____ a Gabriel con los deberes. (ayudar, ella)
15) El año pasado mi esposo y yo _____ a París. (ir, nosotros)

16) Hace 2 años _____ una conferencia de trabajo en Japón. Me _____ este país. (tener - yo, encantar)

17) En 2018 mi hermano _____ un refugio para animales y _____ a muchos. (construir, salvar - él)
18) ¿Cómo _____ el verano pasado? (pasar, vosotros)
19) ¿Por qué no _____ ir con nosotros? (querer, tú)
20) _____ regalos para Olivia. (traer, nosotros)
21) ¿Dónde _____ el cargador? (poner, ustedes)

8. Fill in the regular and irregular verbs in the blanks in the indicated person in Pretérito Indefinido.

El verano pasado, mi familia y yo (decidir) _____ hacer un viaje a la montaña. Mi hermano Miguel no (querer) _____ ir con nosotros porque tenía mucho trabajo. Entonces (ir) _____ yo, mis padres y mis abuelos. Salimos de casa muy temprano y (conducir) _____ durante horas hasta llegar a un hermoso pueblo en las montañas.

Cuando (llegar) _____, nos (recibir) _____ los paisajes increíbles de este lugar. (Instalarse) _____ en una cabaña acogedora que habíamos alquilado previamente. Desde allí, se veía una vista espectacular a las montañas.

En la tarde (caminar) _____ un poco por el bosque para refrescarnos después de un viaje largo. Durante la caminata, (ver) _____ una cascada impresionante y (tomar) _____ fotos.

En la noche, (cenar) _____ todos juntos en un restaurante local y (probar) _____ los platos tradicionales de la región. La comida (estar) _____ deliciosa.

Al día siguiente, yo (subir) _____ a la cima de una montaña cercana. La vista desde arriba (ser) _____ simplemente impresionante. Después, yo (bajar) _____ y junto con mis padres y abuelos (visitar) _____ un pequeño museo en el pueblo para conocer su historia.

La última noche (pasar) _____ charlando al lado de nuestra cabaña y observando el cielo lleno de estrellas. (Ser) _____ un viaje increíble que siempre recordaré con mucho cariño.

Words from the text

instalarse	- to settle down
la cabaña	- the cottage
acogedor	- cozy
refrescarse	- to refresh oneself
la cascada	- the waterfall
la cima de una montaña	- the top of a mountain

Pretérito Imperfecto
descriptive past tense

 *regular verbs*

	hablar	**comer**	**vivir**
Yo	habl **aba**	com **ía**	viv **ía**
Tú	habl **abas**	com **ías**	viv **ías**
Él, Ella, Ud	habl **aba**	com **ía**	viv **ía**
Nosotros	habl **ábamos**	com **íamos**	viv **íamos**
Vosotros	habl **abais**	com **íais**	viv **íais**
Ellos, Ellas, Uds	habl **aban**	com **ían**	viv **ían**

When do we use this tense?

- to describe routine, constant or frequently repeated actions that we have done many times in the past

(- before I used to eat more fruit - antes yo <u>comía</u> más frutas;
- before I used to wake up at 8 am, now I wake up at 10 am - antes yo <u>me despertaba</u> a las 8 de la mañana, ahora me despierto a las 10 de la mañana)
Markers: antes

- to describe something or someone in the past (what they were like before)

(- my sister was (used to be) very stubborn before - mi hermana antes <u>era</u> muy terca;
- the house where my parents lived was very big - la casa donde <u>vivían</u> mis padres, <u>era</u> muy grande)

- to name a reason of some action

(I didn't go to the party, because I had a lot of work to do - yo no fui a la fiesta, porque <u>tenía</u> mucho trabajo)

1. *Conjugate all these verbs by person.*

	viajar	**bailar**	**pasear**
Yo	....	....	....
Tú	....	....	....
Él, Ella	....	....	....
Nosotros	....	....	....
Vosotros	....	....	....
Ellos, Ellas	....	....	....

	beber	**leer**	**tener**
Yo	....	....	....
Tú	....	....	....
Él, Ella	....	....	....
Nosotros	....	....	....
Vosotros	....	....	....
Ellos, Ellas	....	....	....

	dormir	**escribir**	**decir**
Yo	....	....	....
Tú	....	....	....
Él, Ella	....	....	....
Nosotros	....	....	....
Vosotros	....	....	....
Ellos, Ellas	....	....	....

	dibujar	**hacer**	**conducir**
Yo	....	....	....
Tú	....	....	....
Él, Ella	....	....	....
Nosotros	....	....	....
Vosotros	....	....	....
Ellos, Ellas	....	....	....

2. Conjugate all these verbs by person - BUT - **in this task the personal pronouns are mixed** (they go in a random order) be careful :)

	trabajar	**nadar**	**bajar**
Nosotros	....	....	....
Yo	....	....	....
Vosotros	....	....	....
Él, Ella	....	....	....
Tú	....	....	....
Ellos, Ellas	....	....	....

	querer	**poner**	**saber**
Él, Ella	....	....	....
Yo	....	....	....
Tú	....	....	....
Nosotros	....	....	....
Ellos, Ellas	....	....	....
Vosotros	....	....	....

	subir	**freír**	**elegir**
Yo	....	....	....
Nosotros	....	....	....
Ellos, Ellas	....	....	....
Él, Ella	....	....	....
Vosotros	....	....	....
Tú	....	....	....

	estar	**traer**	**compartir**
Tú	....	....	....
Ellos, Ellas	....	....	....
Nosotros	....	....	....
Yo	....	....	....
Vosotros	....	....	....
Él, Ella	....	....	....

*3. Fill in the **regular verbs** in the blanks in the indicated person.*

1) En la escuela yo _____ todos los días. (estudiar, yo)
2) En la universidad mi hermano Carlos _____ muchos libros. (leer, él)
3) Cuando _____ en el departamento, ¿_____ con tus vecinos? (vivir, hablar - tú)
4) ¿_____ el piano en la escuela? (tocar, tú)
5) ¿Quién en tu familia _____ los fines de semana? (cocinar, ella)
6) ¿_____ la música rock? (escuchar, vosotros)

7) Yo _____ la guitarra en una banda. (tocar, yo)

8) ¿_____ mucha pizza en la uni? (comer, vosotros)
9) En la casa de mis abuelos en verano siempre _____ en la piscina. (nadar, nosotros)
10) ¿_____ cuadros? (pintar, tú)
11) En México _____ en un departamento. (vivir, nosotros)
12) Mi hermana Lucía en la escuela _____ en un coro. (cantar, ella)
13) Antes _____ muchas películas, ahora ya no tengo tanto tiempo. (mirar, yo)

14) Cada domingo _____ por la playa. (caminar, nosotros)

15) En mi infancia siempre _____ omelette con verduras. (desayunar, nosotros)
16) Siempre _____ con ser una cantante. (soñar, yo)
17) Antes no me _____ la cebolla, ahora la amo. (gustar, ella)
18) ¿_____ en la granja de la familia? (trabajar, vosotros)
19) ¿Ustedes en la escuela _____ a algunos países de excursión? (viajar, ustedes)
20) Siempre _____ que "bergamota" es una hierba, y en realidad es una fruta. (pensar, yo)

→ *irregular verbs*

	ser	**ir**	**ver**
Yo	era	iba	veía
Tú	eras	ibas	veías
Él, Ella, Ud	era	iba	veía
Nosotros	éramos	íbamos	veíamos
Vosotros	erais	ibais	veíais
Ellos, Ellas, Uds	eran	iban	veían

4. Conjugate all these verbs by person (closing the upper frame 😊).

	ir	**ser**	**ver**
Yo	....	....	....
Tú	....	....	....
Él, Ella	....	....	....
Nosotros	....	....	....
Vosotros	....	....	....
Ellos, Ellas	....	....	....

5. Conjugate all these verbs by person - BUT - **in this task the personal pronouns are mixed** (they go in a random order) be careful :)

ser

Él, Ella	....
Yo	....
Tú	....
Nosotros	....
Ellos, Ellas	....
Vosotros	....

ver

Yo	....
Nosotros	....
Ellos, Ellas	....
Él, Ella	....
Vosotros	....
Tú	....

ir

Tú	....
Ellos, Ellas	....
Nosotros	....
Yo	....
Vosotros	....
Él, Ella	....

*6. Fill in the **irregular verbs** in the blanks in the indicated person.*

1) Cuando yo _____ pequeña, pasaba mucho tiempo en la casa de mis abuelos. (ser, yo)

2) Cada domingo _____ una película nueva con toda la familia. (ver, nosotros)

3) Cuando estudiaba en la escuela, por las tardes _____ a clases de baile. (ir, yo)

4) El departamento donde yo vivía antes _____ muy grande y con mucha luz natural. (ser, él)

5) Antes mi hijo Gaspar _____ muchas series, ahora ya no tanto. (ver, él)

6) Cada verano mi familia y yo _____ al mar. (ir, nosotros)

*7. Now let's combine what we have covered. Fill in the **regular and irregular verbs** in the blanks in the indicated person.*

1) Antes _____ en una casa muy grande, _____ un garaje y allí _____ con mis amigos, _____ instrumentos musicales y _____. _____ una banda musical. (vivir - yo; tener, reunirse, tocar, cantar, Ser - nosotros)

2) Mi mamá cuando _____ joven, _____ pelo rubio. (ser, tener - ella)

3) Los sábados mi abuela y yo _____ al mercado y _____ frutas y verduras frescas. (ir, comprar - nosotros)

4) Mi hermana siempre _____ muchos documentales, le _____. (ver, encantar - ella)

5) ¿_____ que la capital más grande del mundo es Tokio? (saber, tú)

6) Antes _____ más tiempo libre. (tener, yo)

7) Cuando _____ pequeña, _____ mucha patata. (ser, comer - yo)

8. Fill in the **regular and irregular verbs** in the blanks in the indicated person in Pretérito Imperfecto.

Un día especial

Un día mis amigos y yo fuimos a pasear, (ser) _____ un día tranquilo, (hacer) _____ mucho sol y decidimos ir al río.

Cuando llegamos, allí (estar) _____ un perrito perdido. Él se acercó y empezó a jugar conmigo. Yo siempre (soñar) _____ con tener un perrito y lo llevé a casa.

Primero mis padres no (estar) _____ muy contentos, pero después de prometer que yo iba a cuidarlo, aceptaron dejarlo.

Yo (saber) _____ que (ser) _____ una gran responsabilidad, pero yo (querer) _____ tanto ayudar a este perrito y hacerlo feliz. Lo llamé Pancho y se convirtió en mi mejor amigo para muchos años.

Cada día nosotros (pasear) _____ 3 veces - en la mañana, en la tarde y en la noche. Yo le (dar) _____ buena comida y por eso él siempre (sentirse) _____ muy bien y (tener) _____ buena salud.

Él siempre me (esperar) _____ de la escuela y (hacer) _____ tarea conmigo. Él (dormir) _____ conmigo en la cama.
Cuando (salir) _____ a pasear con mis amigos, él siempre (ir) _____ con nosotros. Pancho (ser) _____ muy inteligente.

Él vivió muchos años, siempre (estar) _____ conmigo en las buenas y en las malas. Siempre será muy especial para mi. Te amo Pancho.

Words from the text

perrito	- doggie (dog with tenderness)
perdido	- lost
acercarse	- to get closer, to approach
soñar con	- to dream of
convertirse en	- to become
en las buenas y en las malas	- through thick and thin (in good and bad times)

Pretérito Perfecto / Pretérito Indefinido
comparison of 2 past completed tenses

 difference between them

Pretérito Perfecto

- action done in the past **connected to the present**
  hoy, esta semana, este mes, este año

- action taken **at an unspecified moment** in the past
  we do not indicate the moment

- to talk about experience
  alguna vez, nunca

Pretérito Indefinido

- action done in the past **NOT connected to the present**
  ayer, anteayer, anoche, la semana pasada, el mes pasado, el año pasado

- action taken **at a specific, precise moment** in the past
  en 1986, en agosto, el lunes

1. Fill in the verbs in the blanks in the indicated person in the appropriate tense - **Pretérito Perfecto or Pretérito Indefinido**.

1) Anoche _____ a bailar a la plaza. (ir, nosotros)
2) Hoy _____ muy temprano. (despertarse, yo)
3) Mamá, _____ bombones muy ricos, ¿quieres? (comprar, yo)
4) El año pasado mi hermano mayor _____ de la universidad. (graduarse, él)
5) Anteayer mi amiga Daniela _____ de excursión a Málaga. Dice que le _____ mucho. (ir, gustar - ella)
6) ¿Alguna vez _____ en mar abierto? (nadar, tú)
7) Mi hermano Marcos _____ en 1987. (nacer, él)
8) ¿Dónde _____ el lunes, por qué no _____ a la escuela? (estar, venir - tú)
9) Esta semana mis padres _____ a una casa nueva. (mudarse, ellos)
10) ¡Aaaaaaa, _____ mi primer coche/carro! (comprar, yo)

*2. Fill in the verbs in the blanks in the indicated person in the appropriate tense - **Pretérito Perfecto** or **Pretérito Indefinido**.*

"Un Viaje a Loreto"

Capítulo 1: Preparativos

Hace unos meses, en un tranquilo pueblo llamado Loreto, un grupo de amigos (decidir) _____ emprender un emocionante viaje que habían planeado durante mucho tiempo. Los amigos (reunirse) _____ en la casa de Juan, donde (preparar) _____ las mochilas con suministros para su aventura.

Juan: [excitado] "¡Chicos, hoy es el gran día! Todos los preparativos (ser) _____ un éxito. Estoy ansioso por partir."

Marta: "Sí, ¡será una experiencia inolvidable!"

Capítulo 2: Comienzo del Viaje

La mañana siguiente, el sábado, (salir) _____ el sol brillante y el grupo (emprender) _____ su viaje hacia lo desconocido. Durante el camino, (atravesar) _____ montañas escarpadas y (caminar) _____ por extensos bosques. La belleza de la naturaleza los (dejar) _____ sin palabras.

Carlos: [asombrado] "¡Miren esa vista! No puedo creer lo hermoso que es este lugar."

Ana: "Definitivamente vale la pena todo el esfuerzo que (invertir) _____ en planear este viaje."

Capítulo 3: Descubrimientos

A medida que avanzaban, (encontrar) _____ ríos cristalinos y (nadar) _____ en aguas frescas y transparentes.

*2. Fill in the verbs in the blanks in the indicated person in the appropriate tense - **Pretérito Perfecto or Pretérito Indefinido**.*

En la tarde, (llegar) _____ a otro pueblo pequeño y (explorar) _____ las calles adoquinadas llenas de historia.

En su camino, (descubrir) _____ antiguos tesoros escondidos y misterios sin resolver.

Pedro: [entusiasmado] "¡Miren este río! ¿(Ver) _____ alguna vez algo parecido? No puedo resistir la tentación de nadar."

Marta: "¡Es increíble!"

Capítulo 4: Noche de Fogata

En la noche, (acampar) _____ bajo un manto de estrellas y (compartir) _____ historias alrededor de la fogata. Marta (contar) _____ cuentos de terror que los (asustar) _____ a todos. Aun así, la camaradería del grupo (unirse) _____ más que nunca.

Juan: [riendo] "¡Marta, siempre logras asustarnos! ¿Tienes otro cuento espeluznante?"

Marta: "¡Claro que sí! Esta vez les contaré sobre el fantasma de la montaña."

Capítulo 5: Regreso a Casa

Después de semanas de exploración, el grupo finalmente (regresar) _____ a su pueblo natal. (Compartir) _____ recuerdos inolvidables de su viaje y (prometer) _____ hacerlo nuevamente en el futuro.

Carlos: [nostálgico] "Este viaje (ser) _____ una experiencia que nunca olvidaré. Gracias a todos por acompañarme."

*2. Fill in the verbs in the blanks in the indicated person in the appropriate tense - **Pretérito Perfecto** or **Pretérito Indefinido**.*

Ana: "¡Definitivamente, Carlos! ¡Espero con ansias el próximo viaje!"

Así (concluir) _____ este viaje inolvidable, lleno de aventuras, diálogos y momentos especiales que (marcar) _____ sus vidas para siempre. Loreto siempre será el lugar donde (comenzar) _____ su historia de amistad y exploración.

Words from the text

emprender un viaje	- to set off on a journey
cuentos de terror	- horror stories
aventura	- an adventure
excitado	- excited
estar ansioso por partir	- to be anxious to go, looking forward to going (on a trip)
atravesar	- to cross
montañas escarpadas	- steep mountains
extensos bosques	- extensive forests
dejar sin palabras	- to leave speechless
asombrado	- amazed
vale la pena	- it's worth it
A medida que avanzaban..	- as they advanced..
ríos cristalinos	- crystalline rivers
explorar	- to explore
las calles adoquinadas	- the cobbled streets
entusiasmado	- enthusiastic
resistir la tentación	- to resist the temptation
acampar	- to camp
bajo un manto de estrellas	- under a blanket of stars

Words from the text

la fogata	-	the fire
suministros	-	supplies
asustar	-	to scare
la camaradería	-	the camaraderie
riendo	-	laughing
logras asustarnos	-	you manage to scare us
cuento espeluznante	-	spooky tale
el fantasma	-	the ghost
pueblo natal	-	a hometown
nostálgico	-	nostalgic
con ansias	-	eagerly
la amistad	-	friendship

Notes

Pretérito Indefinido / Pretérito Imperfecto
comparison of completed and descriptive-repeating past tenses

 difference between them

Pretérito Indefinido	**Pretérito Imperfecto**

- the action was **performed once** at a specific, precise moment in the past
en 1986, en agosto, el lunes
- Compré mi primera casa en 1997.

- the action was performed in the past **many times (often) or constantly - routine, habitual actions**
antes, siempre
- Antes me despertaba más temprano.

- the action was performed in the past and **repeated several times**
- El año pasado viajamos 3 veces a Francia.

- **to describe the characteristics of someone or something** in the past
- Antes mi hermana era más tímida.

- the action was completed in the past and **lasted a certain period of time (marker of completion)**
- Trabajé en esta compañía 20 años.

- to indicate **the reason of some action**
- No fui a la playa ayer, porque hacía frío.

- **Sometimes the tense depends on the speaker's idea**
(on what he meant - a one-time action or a repeated one)
-En verano fuimos a ver a mis abuelos.   - we went 1 time
-En verano íbamos a ver a mis abuelos.   - we used to go many times

1. Fill in the verbs in the blanks in the indicated person in the appropriate tense - **Pretérito Indefinido or Pretérito Imperfecto**.

1) _____ a Roma en agosto. (ir, nosotros)
2) Mi tía _____ 5 veces. (casarse, ella)
3) Mi abuelo _____ puros. (fumar, él)

1. Fill in the verbs in the blanks in the indicated person in the appropriate tense - **Pretérito Indefinido or Pretérito Imperfecto**.

4) Mi abuelo _____ puros toda su vida. (fumar, él)
5) En la escuela yo _____ en un coro. (cantar, yo)
6) Mi tía Isabela _____ en un coro 15 años. (cantar, ella)
7) _____ de la universidad en 2017. (graduarse, yo)
8) Mi hermana y yo _____ tres veces en Alemania. (estar, nosotras)
9) No _____ a tiempo, porque _____ mucho tráfico. (llegar - nosotros, haber - él)
10) En mi universidad _____ muchos extranjeros. (estudiar, ellos)
11) Siempre que _____ a casa de los abuelos, nos _____ dulces caseros. (ir - nosotros, dar - ellos)
12) La última vez que _____ a casa de los abuelos, nos _____ dulces caseros muy ricos. (ir - nosotros, dar - ellos)
13) En mi familia _____ una tradición, cada sábado _____ a algún restaurante a cenar todos juntos. (tener, ir - nosotros)
14) Mi papá _____ en esta fábrica muchos años. (trabajar, él)
15) Los domingos mis amigos y yo _____ al cine y _____ una película nueva. (ir, ver - nosotros)
16) _____ esta canción miles de veces. (escuchar, yo)
17) En septiembre _____ a mi hermana con su proyecto. (ayudar, yo)
18) No te _____ el libro, porque la librería _____ cerrada. (comprar - yo, estar - ella)

2. Fill in the verbs in the blanks in the indicated person in the appropriate tense - **Pretérito Indefinido or Pretérito Imperfecto**.

"El Secreto de la Hacienda San Gabriel"

Capítulo 1: La excursión

Un día dos amigas Carla y Maribel (decidir) _____ viajar con sus hijos a Guanajuato, México para visitar una antigua hacienda de San Gabriel.

(Entrar) _____ al territorio y (ver) _____ un magnífico jardín lleno de palmeras, árboles, flores y estatuas. Cuando (acercarse) _____ a la alberca, (ver) _____ a su guía Laura. Y de allí (empezar) _____ la excursión.

Laura les (contar) _____ que a finales del siglo XVII el capitán Gabriel de la Barrera había fundado la dinastía de la familia Barrera y una serie de haciendas. Mientras (observar) _____ lo bello del complejo, les (llegar) _____ el olor a las flores de lavanda y (escuchar) _____ a las aves felices.

(Acercarse) _____ a la "Casa grande" donde los dueños (vivir) _____ como reyes mientras sus sirvientes (hacer) _____ el trabajo duro. Dentro de la casa (visitar) _____ diferentes habitaciones decoradas con muebles originales del siglo XVII. Allí (estar) _____ enormes roperos y pequeñas camas con sábanas y cobijas de seda. Después (pasar) _____ a un salón de plática en donde (separarse) _____ hombres y mujeres para charlar o escuchar música de clavicordio.

Las mamás (disfrutar) _____ mucho la visita. Pero los niños (aburrirse) _____ y (empezar) _____ a jugar.

Capítulo 2: La puerta secreta

Mientras Carla y Maribel (escuchar) _____ atentamente la historia de la hacienda, sus hijos Juan y Felipe (salir) _____ al otro cuarto y (empezar) _____ a jugar y reír.
Accidentalmente Juan (empujar) _____ a Felipe, y Felipe (tocar) _____ la pared. De repente una parte de la pared (empezar) _____ a moverse.

(Ser) _____ una puerta secreta… Los niños primero (asustarse) _____, pero después, llenos de curiosidad, (decidir) _____ entrar y ver a dónde llevaba esta puerta.
Cuando (mirar) _____ hacia dentro, (ver) _____ un túnel oscuro.
Juan (tener) _____ una linterna. Él la (prender) _____ y los niños (comenzar) _____ la aventura.

68

Capítulo 3: El descubrimiento

Al final del túnel (haber) _____ un cuarto subterráneo. La luz (entrar) _____ por un pequeño hueco en las piedras. En este cuarto (haber) _____ muchas cosas antiguas y polvorientas.

Los niños (empezar) _____ a explorar todo y (ver) _____ una caja de madera muy bonita. La llave ya (estar) _____ en esa caja. Felipe la (abrir) _____ y (ver) _____ un collar hermoso lleno de brillantes y granadas.

Capítulo 4: El tesoro de la hacienda

Los niños (emocionarse) _____ y (correr) _____ de vuelta a la hacienda para contar todo a sus mamás.
  - ¡Mamá, tienes que ver esto, vamos! [gritaban los niños]

Carla, Maribel y la guía Laura los (seguir) _____ y (ver) _____ el cuarto secreto.
Laura (estar) _____ sorprendida, no lo (poder) _____ creer.

  - Yo he leído mucho sobre una parte de la hacienda escondida. Pero hasta el día de hoy nadie podía encontrarla. Y este collar (pertenecer) _____ a la esposa del capitán Gabriel y tiene 400 años... Es un verdadero tesoro.

Words from the text

magnífico	- magnificent
el jardín	- the garden
la alberca	- the swimming pool
el complejo	- the complex
las aves	- the birds
el sirviente	- the servant
enorme	- enormous, huge
el ropero	- the wardrobe

Words from the text

las sábanas	- bedsheet
las cobijas	- blankets
seda	- silk
charlar	- to chat, to talk
clavicordio	- clavichord
aburrirse	- to get bored
atentamente	- attentively
accidentalmente	- accidentally
empujar	- to push
tocar	- to touch
una linterna	- a flashlight
un cuarto subterráneo	- an underground room
las piedras	- the stones
polvoriento	- dusty
un collar	- a necklace
brillantes	- brilliants
granadas	- garnet stones
escondido	- hidden
un verdadero tesoro	- a true treasure

Notes

Imperativo afirmativo
affirmative imperative

 *regular verbs*

	bail<u>ar</u>	**com<u>er</u>**	**viv<u>ir</u>**
Tú	bail **a**	com **e**	viv **e**
Usted	bail **e**	com **a**	viv **a**
Nosotros	bail **emos**	com **amos**	viv **amos**
Vosotros	bail **ad**	com **ed**	viv **id**
Ustedes	bail **en**	com **an**	viv **an**

When do we use it?

- to give directions, instructions, advice, to ask for something

(- give me this pen - dame este bolígrafo;
- wake up - despiértate)

!!! The imperative mood is quite rude in its pure form. Therefore, to soften and show respect, they add **por favor**
(- give me this pen please - dame <u>por favor</u> este bolígrafo;
- wake up please - despiértate <u>por favor</u>)

- in this mood there are no persons - yo, él, ella, ellos, ellas - because even in English we cannot give orders to ourselves in the first person "I" or him..

Therefore, there are only personal pronouns:
Tú, Usted, Nosotros, Vosotros, Ustedes

1. *Conjugate all these verbs by person.*

	comprar	**nadar**	**visitar**
Tú	....	....	....
Usted	....	....	....
Nosotros	....	....	....
Vosotros	....	....	....
Ustedes	....	....	....

	beber	**prometer**	**vender**
Tú	....	....	....
Usted	....	....	....
Nosotros	....	....	....
Vosotros	....	....	....
Ustedes	....	....	....

	escribir	**recibir**	**abrir**
Tú	....	....	....
Usted	....	....	....
Nosotros	....	....	....
Vosotros	....	....	....
Ustedes	....	....	....

	escuchar	**responder**	**añadir**
Tú	....	....	....
Usted	....	....	....
Nosotros	....	....	....
Vosotros	....	....	....
Ustedes	....	....	....

	subir	**practicar**	**correr**
Tú	....	....	....
Usted	....	....	....
Nosotros	....	....	....
Vosotros	....	....	....
Ustedes	....	....	....

1. *Conjugate all these verbs by person.*

	lavar	**dejar**	**ayudar**
Tú	....	....	....
Usted	....	....	....
Nosotros	....	....	....
Vosotros	....	....	....
Ustedes	....	....	....

	hablar	**entrar**	**rellenar**
Tú	....	....	....
Usted	....	....	....
Nosotros	....	....	....
Vosotros	....	....	....
Ustedes	....	....	....

	meter	**comer**	**leer**
Tú	....	....	....
Usted	....	....	....
Nosotros	....	....	....
Vosotros	....	....	....
Ustedes	....	....	....

	aprender	**barrer**	**compartir**
Tú	....	....	....
Usted	....	....	....
Nosotros	....	....	....
Vosotros	....	....	....
Ustedes	....	....	....

	asistir	**describir**	**decidir**
Tú	....	....	....
Usted	....	....	....
Nosotros	....	....	....
Vosotros	....	....	....
Ustedes	....	....	....

*2. Conjugate all these verbs by person - BUT - **in this task the personal pronouns are mixed** (they go in a random order) be careful :)*

	comprar	**trabajar**	**ayudar**
Tú	…………………………	…………………………	…………………………
Ustedes	…………………………	…………………………	…………………………
Nosotros	…………………………	…………………………	…………………………
Vosotros	…………………………	…………………………	…………………………
Usted	…………………………	…………………………	…………………………

	beber	**esconder**	**leer**
Nosotros	…………………………	…………………………	…………………………
Vosotros	…………………………	…………………………	…………………………
Usted	…………………………	…………………………	…………………………
Tú	…………………………	…………………………	…………………………
Ustedes	…………………………	…………………………	…………………………

	escribir	**abrir**	**subir**
Usted	…………………………	…………………………	…………………………
Tú	…………………………	…………………………	…………………………
Nosotros	…………………………	…………………………	…………………………
Ustedes	…………………………	…………………………	…………………………
Vosotros	…………………………	…………………………	…………………………

	bailar	**comer**	**vivir**
Nosotros	…………………………	…………………………	…………………………
Ustedes	…………………………	…………………………	…………………………
Usted	…………………………	…………………………	…………………………
Vosotros	…………………………	…………………………	…………………………
Tú	…………………………	…………………………	…………………………

3. Fill in the **regular verbs** in the blanks in the indicated person.

1) _____ la puerta, por favor. (abrir, tú)
2) _____ el pan, por favor. (pasarme, usted)
3) _____ una lista de compras. (escribir, tú)
4) _____ la mesa después de la cena. (limpiar, vosotros)
5) _____ esa película, es muy buena. (mirar, ustedes)
6) _____ un paraguas por si acaso. (tomar, vosotros)
7) _____ agua durante el día. (beber, tú)

8) _____ una taza de chocolate caliente por favor. (prepararme, tú)

9) _____ a tu abuela con las compras. (ayudar, tú)
10) _____ a tu madre para decirle que estás bien. (llamar, tú)
11) _____ tu mente y _____ el momento. (relajar, disfrutar - tú)
12) _____ sus manos antes de comer. (lavar, ustedes)
13) _____ a vuestros padres, siempre tienen buenos consejos. (escuchar, vosotros)
14) _____ a tu hermano que la cena ya está lista. (avisar, tú)
15) _____ atención en clase para aprender más. (prestar, ustedes)
16) _____ un libro interesante antes de dormir. (leer, usted)

17) _____ flores para tu abuela, le encantarán. (comprar, tú)

18) _____ sus pensamientos con sus seres queridos. (compartir, usted)
19) _____ tus vegetales, son buenos para tu salud. (comer, tú)
20) ¡_____ juntos! (viajar, nosotros)
21) _____ sus teléfonos en el teatro. (silenciar, ustedes)
22) _____ tiempo de calidad con tu familia. (pasar, tú)
23) _____ a casa, ya es tarde. (regresar, nosotros)
24) _____ en un restaurante tailandés. (cenar, nosotros)
25) _____ en bicicleta en el parque. (montar, tú)
26) _____ tus dientes antes de acostarte. (cepillar, tú)

Imperativo Afirmativo - affirmative imperative
irregular verbs

Group - g - : in verbs that in the present tense in person "Yo" have g

	SALIR	HACER	DECIR	OÍR	TENER
Tú	sal	haz	di	oye	ten
Usted	salga	haga	diga	oiga	tenga
Nosotros	salgamos	hagamos	digamos	oigamos	tengamos
Vosotros	salid	haced	decid	oíd	tened
Ustedes	salgan	hagan	digan	oigan	tengan

	PONER	VENIR	VALER	TRAER	CAER
Tú	pon	ven	vale	trae	cae
Usted	ponga	venga	valga	traiga	caiga
Nosotros	pongamos	vengamos	valgamos	traigamos	caigamos
Vosotros	poned	venid	valed	traed	caed
Ustedes	pongan	vengan	valgan	traigan	caigan

Group - zco - in verbs that in the present tense in person "Yo" have zco

	CONOCER	CONDUCIR	TRADUCIR
Tú	conoce	conduce	traduce
Usted	conozca	conduzca	traduzca
Nosotros	conozcamos	conduzcamos	traduzcamos
Vosotros	conoced	conducid	traducid
Ustedes	conozcan	conduzcan	traduzcan

Group - e -> i   ### Group - y

	PEDIR	SONREÍR	FREÍR	REPETIR	SEGUIR	CONSTRUIR
Tú	pide	sonríe	fríe	repite	sigue	construye
Usted	pida	sonría	fría	repita	siga	construya
Nosotros	pidamos	sonriamos	friamos	repitamos	sigamos	construyamos
Vosotros	pedid	sonreíd	freíd	repetid	seguid	construid
Ustedes	pidan	sonrían	frían	repitan	sigan	construyan

Imperativo Afirmativo - affirmative imperative
irregular verbs

Group - e -> ie

	CERRAR	EMPEZAR	ENTENDER	PENSAR	CALENTAR
Tú	cierra	empieza	entiende	piensa	calienta
Usted	cierre	empiece	entienda	piense	caliente
Nosotros	cerremos	empecemos	entendamos	pensemos	calentemos
Vosotros	cerrad	empezad	entended	pensad	calentad
Ustedes	cierren	empiecen	entiendan	piensen	calienten

Group - o -> ue

	VOLVER	MOSTRAR	JUGAR	RECORDAR
Tú	vuelve	muestra	juega	recuerda
Usted	vuelva	muestre	juegue	recuerde
Nosotros	volvamos	mostremos	juguemos	recordemos
Vosotros	volved	mostrad	jugad	recordad
Ustedes	vuelvan	muestren	jueguen	recuerden

Group - verbos reflexivos - reflexive verbs - the particle changes but remains at the end

	SENTARSE	MOVERSE	DORMIRSE	ACOSTARSE	VESTIRSE
Tú	siéntate	muévete	duérmete	acuéstate	vístete
Usted	siéntese	muévase	duérmase	acuéstese	vístase
Nosotros	sentémonos	movámonos	durmámonos	acostémonos	vistámonos
Vosotros	sentaos	moveos	dormíos	acostaos	vestíos
Ustedes	siéntense	muévanse	duérmanse	acuéstense	vístanse

Group - individual verbs

	SER	IR	ESTAR	VER	DAR	SABER
Tú	sé	ve	está	ve	da	sabe
Usted	sea	vaya	esté	vea	dé	sepa
Nosotros	séamos	vayamos/vamos	estemos	veamos	demos	sepamos
Vosotros	sed	id	estad	ved	dad	sabed
Ustedes	sean	vayan	estén	vean	den	sepan

4. Conjugate all these verbs by person.

	estar	**cerrar**	**jugar**
Tú	....	....	....
Usted	....	....	....
Nosotros	....	....	....
Vosotros	....	....	....
Ustedes	....	....	....

	hacer	**entender**	**volver**
Tú	....	....	....
Usted	....	....	....
Nosotros	....	....	....
Vosotros	....	....	....
Ustedes	....	....	....

	decir	**pedir**	**ir**
Tú	....	....	....
Usted	....	....	....
Nosotros	....	....	....
Vosotros	....	....	....
Ustedes	....	....	....

	salir	**repetir**	**empezar**
Tú	....	....	....
Usted	....	....	....
Nosotros	....	....	....
Vosotros	....	....	....
Ustedes	....	....	....

	poner	**traducir**	**ver**
Tú	....	....	....
Usted	....	....	....
Nosotros	....	....	....
Vosotros	....	....	....
Ustedes	....	....	....

4. Conjugate all these verbs by person.

	tener	**freír**	**dar**
Tú	....	....	....
Usted	....	....	....
Nosotros	....	....	....
Vosotros	....	....	....
Ustedes	....	....	....

	venir	**recordar**	**seguir**
Tú	....	....	....
Usted	....	....	....
Nosotros	....	....	....
Vosotros	....	....	....
Ustedes	....	....	....

	sentir	**sonreír**	**tener**
Tú	....	....	....
Usted	....	....	....
Nosotros	....	....	....
Vosotros	....	....	....
Ustedes	....	....	....

	calentar	**oír**	**construir**
Tú	....	....	....
Usted	....	....	....
Nosotros	....	....	....
Vosotros	....	....	....
Ustedes	....	....	....

	ir	**mostrar**	**dormir**
Tú	....	....	....
Usted	....	....	....
Nosotros	....	....	....
Vosotros	....	....	....
Ustedes	....	....	....

*5. Conjugate all these verbs by person - BUT - **in this task the personal pronouns are mixed** (they go in a random order) be careful :)*

	tener	**repetir**	**cerrar**
Tú	....	....	....
Ustedes	....	....	....
Nosotros	....	....	....
Vosotros	....	....	....
Usted	....	....	....

	ir	**construir**	**hacer**
Nosotros	....	....	....
Vosotros	....	....	....
Usted	....	....	....
Tú	....	....	....
Ustedes	....	....	....

	poner	**jugar**	**pensar**
Usted	....	....	....
Tú	....	....	....
Nosotros	....	....	....
Ustedes	....	....	....
Vosotros	....	....	....

	dar	**volver**	**salir**
Nosotros	....	....	....
Ustedes	....	....	....
Usted	....	....	....
Vosotros	....	....	....
Tú	....	....	....

6. Now conjugate the regular and irregular reflexive verbs by person.

	moverse	vestirse	sentarse
Tú	....	....	....
Usted	....	....	....
Nosotros	....	....	....
Vosotros	....	....	....
Ustedes	....	....	....

	dormirse	acostarse	despertarse
Tú	....	....	....
Usted	....	....	....
Nosotros	....	....	....
Vosotros	....	....	....
Ustedes	....	....	....

	levantarse	lavarse	peinarse
Tú	....	....	....
Usted	....	....	....
Nosotros	....	....	....
Vosotros	....	....	....
Ustedes	....	....	....

	ducharse	relajarse	secarse
Tú	....	....	....
Usted	....	....	....
Nosotros	....	....	....
Vosotros	....	....	....
Ustedes	....	....	....

	maquillarse	cepillarse	ponerse
Tú	....	....	....
Usted	....	....	....
Nosotros	....	....	....
Vosotros	....	....	....
Ustedes	....	....	....

7. Fill in the **irregular verbs** in the blanks in the indicated person.

1) _____ la cama antes de salir. (hacer, tú)
2) _____ a caminar para ejercitarte. (salir, tú)
3) _____ a la fiesta esta noche. (venir, tú)
4) _____ gracias a tu hermano por su ayuda. (decirle, tú)
5) _____ conmigo al parque el sábado. (venir, usted)
6) _____ este platillo, está delicioso. (probar, tú)
7) _____ la puerta al salir, por favor. (cerrar, tú)

8) _____ algo más clásico. (ponerse, tú)

9) _____ una botella de agua, por favor. (traerme, usted)
10) _____ tu tarea ahora para terminarla más rápido. (comenzar, tú)
11) _____ a estudiar con tiempo para el examen. (empezar, tú)
12) _____ amable con tu hermano. (ser, tú)
13) _____ su tarea antes de salir a jugar. (hacer, ustedes)
14) _____ paciencia, todo mejorará. (tener, tú)
15) _____ honesto contigo mismo. (ser, tú)
16) _____ pronto. (volver, ustedes)
17) _____ la sopa por favor. (calentar, tú)

18) _____ la verdad. (decirme, vosotros)
19) _____ algo de comer. (pedir, nosotros)
20) _____ de aquí. (irse, nosotros)
21) _____ la ventana por favor. (cerrar, vosotros)
22) _____, ya tenemos que salir. (vestirse, ustedes)
23) Niños, _____ afuera por favor. (jugar, vosotros)
24) _____ al parque y _____ con tus amigos. (ir, jugar - tú)
25) _____ ya. (dormirse, tú)
26) _____, ya es tarde. (acostarse, ustedes)
27) _____ antes de decir algo. (pensar, tú)
28) _____ por favor. (seguirme, usted)
29) _____ más. (sonreír, tú)

*8. Now let's combine what we have covered. Fill in the **regular and irregular verbs** in the blanks in the indicated person.*

1) _____ y _____ un momento.
(sentarse, relajarse - tú)

2) _____ al supermercado y _____ leche. (ir, comprar - tú)

3) _____ de tu día libre y _____. (disfrutar, ralajarse - tú)

4) _____ el día al máximo y _____. (aprovechar, sonreír - tú)

5) _____ tu bicicleta por un rato. (prestarme, tú)

6) _____ a tu corazón y _____ tus sueños. (escuchar, seguir - tú)

7) _____ la ventana por favor, ya tengo frío. (cerrar, tú)

8) _____ más despacio, por favor.
(hablar, usted)

9) _____ aquí y _____ con esto.
(venir, ayudarme - vosotros)

10) _____ a la cocina y _____ los platos por favor.
(ir, traer - usted)

11) _____ juntos en el comedor. (comer, nosotros)

12) _____ valiente y _____ tus miedos. (ser, enfrentar - tú)

13) _____ los platos juntos para terminar rápido. (lavar, nosotros)

14) _____ amables con vuestros compañeros. (ser, vosotros)

15) _____ un picnic en el campo. (organizar, nosotros)

16) _____ la puerta y _____ a los invitados.
(abrir, saludar - vosotros)

17) _____ a un lugar exótico este verano.
(viajar, vosotros)

18) Queridos estudiantes, _____ en voz alta. (repetir, ustedes)

19) _____ con esta toalla. (secarse, ustedes)

20) _____ una película para ver en el cine. (escoger, nosotros)

21) _____ a intentarlo una vez más. (volver, tú)

22) _____ agradecidos por lo que tienen. (ser, ustedes)

23) _____ un descanso. (tomar, tú)

24) _____ y _____.
(despertarse, ducharse - ustedes)

9. Imagine that you have a personal assistant and you are preparing a list of tasks to complete.
Fill in the blanks with **regular and irregular verbs**.

- [ ] _____ la agenda de reuniones. (organizar, tú)
- [ ] _____ un vuelo a Nueva York. (reservar, tú)
- [ ] _____ un informe detallado. (preparar, tú)
- [ ] _____ un correo urgente al cliente. (enviar, tú)
- [ ] _____ al proveedor para hacer pedidos. (llamar, tú)
- [ ] _____ el sitio web con información relevante. (actualizar, tú)
- [ ] _____ sobre los nuevos productos en el mercado. (investigar, tú)
- [ ] _____ el discurso para el evento. (redactar, tú)
- [ ] _____ el informe con el equipo. (compartir, tú)
- [ ] _____ datos clave para la presentación. (encontrar, tú)
- [ ] _____ a la reunión de negocios. (acompañarme, tú)
- [ ] _____ los documentos. (imprimir, tú)

Imperativo negativo
negative imperative

 *regular verbs*

	hablar	**comer**	**vivir**
Tú	no habl **es**	no com **as**	no viv **as**
Usted	no habl **e**	no com **a**	no viv **a**
Nosotros	no habl **emos**	no com **amos**	no viv **amos**
Vosotros	no habl **éis**	no com **áis**	no viv **áis**
Ustedes	no habl **en**	no com **an**	no viv **an**

When do we use it?

- to give directions, instructions, advice, to ask for something - in a negative form

(- don't eat so many sweets - no comas tantos dulces;
- don't worry - no te preocupes)

!!! The imperative mood is quite rude in its pure form. Therefore, to soften and show respect, they add **por favor**

(- please don't eat so many sweets - por favor no comas tantos dulces)

- in this mood there are no persons - yo, él, ella, ellos, ellas - because even in English we cannot give orders to ourselves in the first person "I" or him..

Therefore, there are only personal pronouns:
Tú, Usted, Nosotros, Vosotros, Ustedes

1. *Conjugate all these verbs by person.*

	llamar	**escuchar**	**viajar**
Tú	....	....	....
Usted	....	....	....
Nosotros	....	....	....
Vosotros	....	....	....
Ustedes	....	....	....

	beber	**prometer**	**vender**
Tú	....	....	....
Usted	....	....	....
Nosotros	....	....	....
Vosotros	....	....	....
Ustedes	....	....	....

	escribir	**recibir**	**abrir**
Tú	....	....	....
Usted	....	....	....
Nosotros	....	....	....
Vosotros	....	....	....
Ustedes	....	....	....

	cantar	**responder**	**añadir**
Tú	....	....	....
Usted	....	....	....
Nosotros	....	....	....
Vosotros	....	....	....
Ustedes	....	....	....

	subir	**practicar**	**correr**
Tú	....	....	....
Usted	....	....	....
Nosotros	....	....	....
Vosotros	....	....	....
Ustedes	....	....	....

2. Conjugate all these verbs by person - BUT - **in this task the personal pronouns are mixed** (they go in a random order) be careful :)

	comprar	**trabajar**	**ayudar**
Tú	....	....	....
Ustedes	....	....	....
Nosotros	....	....	....
Vosotros	....	....	....
Usted	....	....	....

	beber	**esconder**	**leer**
Nosotros	....	....	....
Vosotros	....	....	....
Usted	....	....	....
Tú	....	....	....
Ustedes	....	....	....

	escribir	**abrir**	**subir**
Usted	....	....	....
Tú	....	....	....
Nosotros	....	....	....
Ustedes	....	....	....
Vosotros	....	....	....

	bailar	**comer**	**vivir**
Nosotros	....	....	....
Ustedes	....	....	....
Usted	....	....	....
Vosotros	....	....	....
Tú	....	....	....

*3. Fill in the **regular verbs** in the blanks in the indicated person.*

1) _____ en lugares públicos. (fumar, usted)
2) _____ con la boca llena. (hablar, tú)
3) _____ la puerta abierta. (dejar, vosotros)
4) _____ cosas innecesarias. (comprar, vosotros)
5) _____ tarde a la cita. (llegar, usted)
6) _____ alcohol si planeas conducir. (beber, tú)
7) _____ en el pasillo. (correr, tú)

8) _____ alimentos. (desperdiciar, ustedes)

9) _____ mal de los demás. (hablar, tú)
10) _____ ese interruptor. (tocar, tú)
11) _____ basura en la calle. (tirar, tú)
12) _____ las luces encendidas. (dejar, ustedes)
13) _____ el agua. (malgastar, vosotros)
14) _____ demasiado por lo que no puedes controlar. (preocuparse, tú)
15) _____ de apagar el ordenador. (olvidarse, tú)
16) _____ en pedir ayuda si la necesitas. (dudar, tú)
17) _____ el teléfono en el cine. (usar, ustedes)
18) _____ la ventana, hace frío. (abrir, vosotros)
19) _____ en problemas. (meterse, tú)
20) ¡_____ esto! (tocar, ustedes)
21) _____ más. (esperar, nosotros)
22) _____ la calle en rojo. (cruzar, ustedes)
23) _____ el volumen de la música tan alto. (subir, tú)
24) _____ café antes de dormir. (tomar, tú)
25) _____ la nevera abierta. (dejar, vosotros)
26) _____ con el cepillo de otra persona. (peinarse, tú)
27) _____ en las páginas del libro. (escribir, ustedes)
28) _____ en voz alta en la biblioteca. (hablar, ustedes)
29) _____ frente a la computadora. (comer, tú)

Imperativo negativo - negative imperative
irregular verbs

Group - g - : in verbs that in the present tense in person "Yo" have g

	SALIR	HACER	DECIR	OÍR	TENER
Tú	no salgas	no hagas	no digas	no oigas	no tengas
Usted	no salga	no haga	no diga	no oiga	no tenga
Nosotros	no salgamos	no hagamos	no digamos	no oigamos	no tengamos
Vosotros	no salgáis	no hagáis	no digáis	no oigáis	no tengáis
Ustedes	no salgan	no hagan	no digan	no oigan	no tengan

	PONER	VENIR	VALER	TRAER
Tú	no pongas	no vengas	no valgas	no traigas
Usted	no ponga	no venga	no valga	no traiga
Nosotros	no pongamos	no vengamos	no valgamos	no traigamos
Vosotros	no pongáis	no vengáis	no valgáis	no traigáis
Ustedes	no pongan	no vengan	no valgan	no traigan

Group - zco - in verbs that in the present tense in person "Yo" have zco

	CONOCER	CONDUCIR	TRADUCIR
Tú	no conozcas	no conduzcas	no traduzcas
Usted	no conozca	no conduzca	no traduzca
Nosotros	no conozcamos	no conduzcamos	no traduzcamos
Vosotros	no conozcáis	no conduzcáis	no traduzcáis
Ustedes	no conozcan	no conduzcan	no traduzcan

Group - e -> i   ## Group - y

	PEDIR	FREÍR	REPETIR	SEGUIR	CONSTRUIR
Tú	no pidas	no frías	no repitas	no sigas	no construyas
Usted	no pida	no fría	no repita	no siga	no construya
Nosotros	no pidamos	no friamos	no repitamos	no sigamos	no construyamos
Vosotros	no pidáis	no friáis	no repitáis	no sigáis	no construyáis
Ustedes	no pidan	no frían	no repitan	no sigan	no construyan

Imperativo negativo - negative imperative
irregular verbs

Group - e -> ie

	CERRAR	EMPEZAR	PENSAR	CALENTAR
Tú	no cierres	no empieces	no pienses	no calientes
Usted	no cierre	no empiece	no piense	no caliente
Nosotros	no cerremos	no empecemos	no pensemos	no calentemos
Vosotros	no cerréis	no empecéis	no penséis	no calentéis
Ustedes	no cierren	no empiecen	no piensen	no calienten

Group - o -> ue

	VOLVER	MOSTRAR	JUGAR	RECORDAR
Tú	no vuelvas	no muestres	no juegues	no recuerdes
Usted	no vuelva	no muestre	no juegue	no recuerde
Nosotros	no volvamos	no mostremos	no juguemos	no recordemos
Vosotros	no volváis	no mostréis	no juguéis	no recordéis
Ustedes	no vuelvan	no muestren	no jueguen	no recuerden

Group - verbos reflexivos - reflexive verbs

	SENTARSE	MOVERSE	ACOSTARSE	VESTIRSE
Tú	no te sientes	no te muevas	no te acuestes	no te vistas
Usted	no se siente	no se mueva	no se acueste	no se vista
Nosotros	no nos sentemos	no nos movamos	no nos acostemos	no nos vistamos
Vosotros	no os sentéis	no os mováis	no os acostéis	no os vistáis
Ustedes	no se sienten	no se muevan	no se acuesten	no se vistan

Group - individual verbs

	SER	IR	ESTAR	VER	DAR	SABER
Tú	no seas	no vayas	no estés	no veas	no des	no sepas
Usted	no sea	no vaya	no esté	no vea	no dé	no sepa
Nosotros	no séamos	no vayamos	no estemos	no veamos	no demos	no sepamos
Vosotros	no seais	no vayáis	no estéis	no veáis	no deis	no sepáis
Ustedes	no sean	no vayan	no estén	no vean	no den	no sepan

*4. Conjugate all these **irregular verbs** by person.*

	cerrar	**mostrar**	**estar**
Tú	……………………	……………………	……………………
Usted	……………………	……………………	……………………
Nosotros	……………………	……………………	……………………
Vosotros	……………………	……………………	……………………
Ustedes	……………………	……………………	……………………

	hacer	**volver**	**saber**
Tú	……………………	……………………	……………………
Usted	……………………	……………………	……………………
Nosotros	……………………	……………………	……………………
Vosotros	……………………	……………………	……………………
Ustedes	……………………	……………………	……………………

	decir	**dormir**	**pedir**
Tú	……………………	……………………	……………………
Usted	……………………	……………………	……………………
Nosotros	……………………	……………………	……………………
Vosotros	……………………	……………………	……………………
Ustedes	……………………	……………………	……………………

	repetir	**salir**	**pensar**
Tú	……………………	……………………	……………………
Usted	……………………	……………………	……………………
Nosotros	……………………	……………………	……………………
Vosotros	……………………	……………………	……………………
Ustedes	……………………	……………………	……………………

	construir	**entender**	**empezar**
Tú	……………………	……………………	……………………
Usted	……………………	……………………	……………………
Nosotros	……………………	……………………	……………………
Vosotros	……………………	……………………	……………………
Ustedes	……………………	……………………	……………………

4. Conjugate all these *irregular verbs* by person.

	dar	**seguir**	**conducir**
Tú	....	....	....
Usted	....	....	....
Nosotros	....	....	....
Vosotros	....	....	....
Ustedes	....	....	....

	jugar	**ser**	**sentarse**
Tú	....	....	....
Usted	....	....	....
Nosotros	....	....	....
Vosotros	....	....	....
Ustedes	....	....	....

	ver	**tener**	**freír**
Tú	....	....	....
Usted	....	....	....
Nosotros	....	....	....
Vosotros	....	....	....
Ustedes	....	....	....

	poner	**vestirse**	**acostarse**
Tú	....	....	....
Usted	....	....	....
Nosotros	....	....	....
Vosotros	....	....	....
Ustedes	....	....	....

	ir	**venir**	**moverse**
Tú	....	....	....
Usted	....	....	....
Nosotros	....	....	....
Vosotros	....	....	....
Ustedes	....	....	....

5. Conjugate all these verbs by person - BUT - **in this task the personal pronouns are mixed** (they go in a random order) be careful :)

	hacer	**jugar**	**ir**
Nosotros	…………………	…………………	…………………
Ustedes	…………………	…………………	…………………
Usted	…………………	…………………	…………………
Vosotros	…………………	…………………	…………………
Tú	…………………	…………………	…………………

	salir	**pedir**	**pensar**
Tú	…………………	…………………	…………………
Ustedes	…………………	…………………	…………………
Nosotros	…………………	…………………	…………………
Vosotros	…………………	…………………	…………………
Usted	…………………	…………………	…………………

	acostarse	**ser**	**conducir**
Nosotros	…………………	…………………	…………………
Vosotros	…………………	…………………	…………………
Usted	…………………	…………………	…………………
Tú	…………………	…………………	…………………
Ustedes	…………………	…………………	…………………

	cerrar	**repetir**	**venir**
Usted	…………………	…………………	…………………
Tú	…………………	…………………	…………………
Nosotros	…………………	…………………	…………………
Ustedes	…………………	…………………	…………………
Vosotros	…………………	…………………	…………………

*6. Fill in the **irregular verbs** in the blanks in the indicated person.*

1) _____ sin abrigo si hace frío. (salir, tú)
2) _____ en esa silla, está rota. (sentarse, tú)
3) _____ con el interruptor de la luz. (jugar, tú)
4) _____ la ventana, hace calor. (cerrar, usted)
5) _____ por ese camino oscuro. (ir, tú)
6) _____ miedo, estamos aquí contigo. (tener, tú)
7) _____ esas palabras hirientes. (decir, tú)

8) _____ trampa en el juego. (hacer, tú)

9) _____ impaciente, todo llega a su tiempo. (ser, tú)
10) _____ mis errores. (repetir, usted)
11) _____ ruido en la sala de cine. (hacer, usted)
12) _____ sin su identificación. (venir, usted)
13) _____ al bosque sin un guía. (ir, ustedes)
14) _____ tonterías. (decir, vosotros)
15) _____ eso ahí. (poner, vosotros)
16) _____ con mucho cansancio. (conducir, usted)

17) _____ mucho las papas. (freír, tú)

18) _____ hacer eso. (pedirme, tú)
19) _____ muy tarde. (acostarse, ustedes)
20) _____ tanto la sopa. (calentar, tú)
21) _____ tarde. (volver, vosotros)
22) _____ con cerillos. (jugar, ustedes)
23) ¡_____! (moverse, ustedes)
24) _____ tan triste, todo estará bien. (estar, tú)
25) _____ por favor… (empezar, tú)
26) _____ este vestido horrible. (ponerse, tú)
27) _____ tantas series. (ver, tú)
28) _____ tan negativos, busquen soluciones. (ser, ustedes)
29) _____ sin mi. (irse, tú)

*7. Now let's combine what we have covered. Fill in the **regular and irregular verbs** in the blanks in the indicated person.*

1) _____ papel; recicla siempre que puedas. (malgastar, tú)
2) _____ tus llaves dentro del coche. (dejar, tú)
3) _____ aquí, está sucio. (sentarse, tú)
4) _____ de apagar el ordenador al final del día. (olvidarse, tú)
5) _____ a la montaña sin el equipo adecuado. (ir, tú)
6) _____ de todo, aprende a ser agradecido. (quejarse, tú)
7) _____ alcohol antes de los 18 años. (beber, tú)
8) _____ fotos sin permiso. (tomar, usted)
9) _____ la luz en medio de la noche. (encender, vosotros)
10) _____ con la electricidad. (jugar, tú)
11) _____ alla. (ir, nosotros)
12) _____ esta película, es muy aburrida. (ver, ustedes)
13) _____ demasiado tarde. (acostarse, vosotros)
14) _____ sin dulces. Es broma :) (volver, ustedes)
15) _____ comida chatarra cada día. (comer, vosotros)
16) _____ las llaves en la mesa. (poner, tú)
17) _____ la oficina todavía. (cerrar, usted)
18) _____ mucho la pasta. (calentar, tú)
19) _____ tan pesimista. (ser, tú)
20) _____ refrescos, todavía tenemos desde ayer. (pedir, tú)
21) _____ cansado. (conducir, usted)
22) _____ mal por eso. (sentirse, tú)
23) _____ todavía, está lloviendo. (salir, ustedes)
24) _____ tanto, relájate. (pensar, tú)

El repaso de los tiempos
repetition of the tenses

Congratulations! We have already gone through a lot of tenses and now it's time to consolidate what we have passed together.

Now you are going to read a fascinating story in which you will need to insert verbs in the appropriate tense according to the idea of the text/phrase.

I recommend that you review the rules of use again to repeat.

The story will have tenses such as: Presente Simple, Futuro Simple, ir a + inf, Pretérito Perfecto, Pretérito Indefinido, Pretérito Imperfecto, Imperativo afirmativo, Imperativo negativo

¡Suerte! :)

"La Máquina del Tiempo"

Capítulo 1: El Descubrimiento

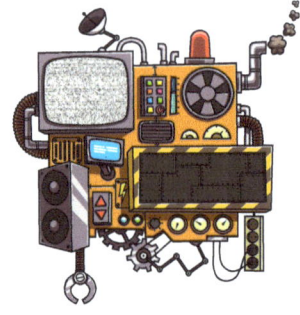

En un pequeño laboratorio de un pueblo tranquilo, la científica Sofía (trabajar) _____ incansablemente en su último proyecto.
Ella (sentir) _____ una gran emoción mientras (observar) _____ los resultados de sus experimentos.

Sofía: "¡Finalmente, (lograr) _____ construir la máquina del tiempo!"

Capítulo 2: El Experimento

Sofía (invitar) _____ a su amigo Juan para que sea testigo de su gran logro. Juntos, (programar) _____ la máquina y (elegir) _____ una fecha en el futuro para viajar.

Juan: "¿Estás segura de que (funcionar) _____, Sofía?"

Sofía: "¡(Confiar) _____ en mí, Juan! (Ir) _____ al futuro."

Juan: "¿Y eso qué es?"

Sofía: "¡No (tocar)_____ nada! ¿Listo?"

Juan: "Creo..."

Capítulo 3: El Viaje al Futuro

Sofía y Juan (adentrarse) _____ en la máquina del tiempo y (activar) _____ el dispositivo. De repente, (encontrarse) _____ en una ciudad futurista llena de luces brillantes y vehículos flotantes.

Sofía: "¡Lo (lograr)_____! (Estar) _____ en el futuro."

Capítulo 4: El Futuro Desconocido

Sofía y Juan (explorar) _____ el mundo del futuro. (Encontrar) _____ robots amigables que (ayudar) _____ a las personas y (ver) _____ edificios enormes que tocan el cielo.

Juan: "Wow, el futuro (parecer) _____ asombroso."

Sofía: "Sin duda, (ser) _____ un mundo lleno de posibilidades."

Juan: "¿Qué (hacer) _____?"

Sofía: "Pues claro (ir a) _____ comer. Quiero saber como (saber) _____ la comida del futuro."

Ellos (ir) _____ al primer restaurante que ven, (entrar) _____ y (pedir) _____ muchos platillos diferentes. El camarero les (traer) _____ platos pequeños con cápsulas de diferentes colores.

Juan: "¿Cómo es posible? (Comer) _____ solamente 9 cápsulas y ya (sentirse) _____ lleno. Y además son deliciosas."

Sofía: "¡Sí, es sorprendente! Pero en el futuro seguro (ir a) _____ extrañar la comida normal..."

Capítulo 5: El Regreso al Presente

Después de un día emocionante en el futuro, Sofía y Juan (decidir) _____ regresar a su propio tiempo. Regresan a la máquina del tiempo y (ajustar) _____ la fecha de regreso.

Juan: "Estoy listo para volver a casa."

Sofía: "¡(Volver) _____ al presente!"

Capítulo 6: La Lección del Viaje

De vuelta en su laboratorio, Sofía y Juan (reflexionar) _____ sobre su aventura en el futuro. Han aprendido la importancia de apreciar el presente y saben que sus acciones en el presente (afectar) _____ el futuro.

Sofía regresa a su casa y al día siguiente su hermana la pregunta: "Sofi, ¿qué (hacer) _____ ayer? ¿Por qué (regresar) _____ tan tarde?"

Sofía: "Ayer (entender) _____ que nosotros podemos lograr todo lo que queremos. Lo más importante es soñar, trabajar y hacer este mundo cada día mejor."

Capítulo 7: Un Nuevo Comienzo

El lunes Sofía (continuar) _____ trabajando en su laboratorio, pero ahora con una perspectiva diferente. Ahora ella (saber) _____ que puede hacer un impacto positivo en el mundo con su ciencia.

Words from the text

la científica	- the scientific
incansablemente	- tirelessly, untiringly
la máquina del tiempo	- the time machine
el testigo	- the witness
lograr	- to achieve, to accomplish
confiar en alguien	- to trust somebody
tocar	- to touch
adentrarse	- to go in
el dispositivo	- the device
de repente	- suddenly
una ciudad futurista	- a futuristic city
vehículos flotantes	- floating vehicles
amigable	- friendly
el cielo	- the sky
asombroso	- amazing, astonishing
sin duda	- definitely, clearly, for sure
saber	- to know something or to taste like..
sentirse lleno	- to feel full (when you've eaten a lot)
sorprendente	- surprising
extrañar	- to miss someone or smth
ajustar	- to adjust
reflexionar	- to reflect, to think about smth
hacer un impacto	- to make an impact

I sincerely hope that this trainer has helped you to bring verbs conjugation to automaticity and now you will confidently use them in speech.

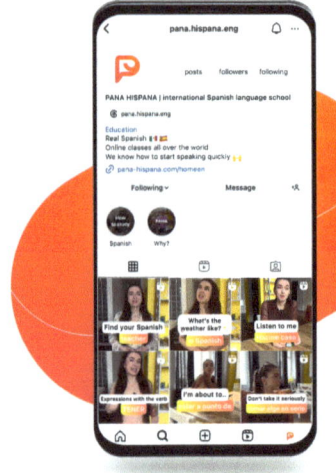

Follow us on social networks and watch useful and interesting mini-lessons

We are also waiting for you on

At our school you can:

- improve your Spanish
- start speaking in a short time
- study topics that interest you
- prepare for an exam

and much more

 Go to our school's website